コンパス
保育原理
― 未来を生きる子どもの保育 ―

2017年告示 幼稚園教育要領，保育所保育指針
幼保連携型認定こども園教育・保育要領　準拠

編著：田中敏明

共著：伊勢　慎・尾花雄路・金丸智美・川俣美砂子・徳安　敦
　　　永渕美香子・前田志津子・松井尚子

建帛社
KENPAKUSHA

まえがき

　日本に初めて幼稚園ができた1876（明治9）年頃，日本の人口は約3,500万人だった。ベビーブームの1948（昭和23）年には，8,000万人となり，その後も人口は増え続け，1967（昭和42）年には1億人を超える。1950（昭和25）年頃からしばらくの間は急増する人口，多すぎる人口が大きな問題になっている。この頃の「厚生白書」では，急激な人口増による「過剰人口」にどのように対応していくのか，ということが政策課題として取り上げられている。しかしながら，ピークとなった2012（平成24）年の1億2,800万人から一転して減少が始まる。我が国は，人口減少社会というこれまで経験したことのない時代を迎えたのである。今後10〜20年の間に，今ある仕事の5割以上がロボットやＡＩにとって代わられるといわれている。その一方で平均寿命はさらに延び，人生100年時代となる。いま園で日々活動している子どもたちはこのような時代を生きていく。その道は決して平坦ではない。

　保育は，どんな時代であろうと変わりなく，しっかりと育てておかなければならないものがある。それとともに，やがて来る時代を予測し，新しい時代をいきいきと，幸せに生きていくために必要な資質・能力を見極めて確かに育てることが，これからの保育に求められる。

　2017（平成29）年，幼稚園教育要領，保育所保育指針，幼保連携型認定こども園教育・保育要領が大幅に改訂（定）された。その中で，「知識及び技能の基礎」「思考力，判断力，表現力等の基礎」「学びに向かう力，人間性等」という生きる力の基礎を育むための3つの柱を，幼児教育から一貫して育てることが打ち出され，幼稚園，保育所，幼保連携型認定こども園においては，この3つの柱を10項目の「幼児期の終わりまでに育ってほしい姿」とともに幼児教育を行う施設として共有する事項が示された。

　豊かな時代の最盛期であった1990（平成2）年に施行された幼稚園教育要領，保育所保育指針では，保育の目標が心情・意欲・態度を中心に設定され，子どもの主体的な活動，言い換えれば子どもがしたいと思うことをする保育が求められてきた。知識や思考力が保育目標として前面に出されるのは長い保育の歴史の中で今回が初めてである。このあたりにも時代の大きな変化を感じ取ることができる。こうした中で，本書の執筆者は，未来を生きる子どもたちにとって本当に必要な保育とは何かを絶えず問いかけながら筆を進めた。

　本書が，未来社会を生きていく子どもたちのための保育を創る一つの道標になれば幸せである。

2019年3月

執筆者を代表して　田中敏明

目　次

第1章　子どもたちの現状と子どもたちが迎える未来社会　1

1　子どもの現状　1
（1）スマートフォンやタブレットの普及　1
（2）子どもを取り巻く危険な環境　5
（3）家庭環境の視点から　6

2　子どもが迎える未来社会予測　10
（1）AI（人工知能）化の視点から　10
（2）豊かさの視点から　12

3　日本の子ども・世界の子ども　13
（1）自己肯定感　13
（2）日本の子ども　14
（3）地球の子ども　14

第2章　保育の意義・役割とこれからの課題　17

1　保育とは何か　17
（1）子どもを守る立場から　17
（2）子どもの育ちと援助　18
（3）就学前施設（保育所，幼稚園，認定こども園）の保育　19

2　保育の目標　21
（1）保育所における保育の目標　21
（2）幼稚園における保育の目標　23
（3）認定こども園における保育の目標　23

3　これからの保育の課題　24
（1）教育要領と学習指導要領の改訂　24
（2）幼児教育を行う施設として共有すべき事項　24
（3）家庭や地域の教育力　27
（4）保育者不足と保育者の質の低下　28
（5）都市部の保育環境　28

目 次

第3章　保育の場　31

1　保育所，幼稚園，認定こども園 ……………………………………… 31
（1）保育所，幼稚園，認定こども園の共通点　31
（2）保育所，幼稚園，認定こども園の違い　32

2　家庭と地域の機能と役割 ……………………………………………… 35
（1）教育基本法に定める家庭の責任　35
（2）家庭の役割　35
（3）地域の教育的機能　36

3　保育所，幼稚園，認定こども園の役割 ……………………………… 37
（1）保育所の役割　37
（2）幼稚園の役割　37
（3）認定こども園の役割　37
（4）共通の役割　38

4　保育の現状と課題 ……………………………………………………… 38
（1）園数と園児数の推移　38
（2）保育の現代的課題　41

第4章　保育の多様性　45

1　幼稚園教育要領・保育所保育指針等が求める保育 ………………… 45
（1）環境を通して行う保育（教育）　45
（2）環境を通して行う保育（教育）の実際　48
（3）計画と評価　50

2　日本の保育の特色 ……………………………………………………… 51

3　モンテッソーリ教育 …………………………………………………… 52
（1）敏感期　53
（2）モンテッソーリ教具とお仕事　53

4　プロジェクト法 ………………………………………………………… 54
（1）レッジョ・エミリア・アプローチ　54
（2）プロジェクト法と日本の保育　55

5　韓国のテーマ中心型保育 ……………………………………………… 56
（1）テーマ活動　56
（2）保育者の役割　56

6　ニュージーランドのラーニングストーリー……………………57
　　　（1）テ・ファリキ　57
　　　（2）ラーニングストーリー　57

第5章　保育課程・教育課程と指導計画　　61

　1　計画の必要性と種類……………………………………………61
　　　（1）なぜ計画を立てるのか　61
　　　（2）保育課程・教育課程と保育計画　62
　2　保育計画を作成する……………………………………………62
　　　（1）保育課程・教育課程　62
　　　（2）年間指導計画　66
　　　（3）日　案　68
　3　保育課程・教育課程，指導計画作成の見直し………………69

第6章　保育の質を高める　　73

　1　保育記録の取り方………………………………………………73
　　　（1）保育所保育指針・幼稚園教育要領における保育記録　73
　　　（2）保育に生かす記録　74
　　　（3）記録から読み取れること−記録することの意味−　75
　2　研修の選択と実際………………………………………………77
　　　（1）園内研修の実際　77
　　　（2）園外研修の選択　78
　3　環境の構成と保育実践のポイント……………………………79
　　　（1）実践経過　80
　　　（2）保育者の配慮　82
　　　（3）実践の分析　82
　4　保育評価…………………………………………………………83
　　　（1）実践の振り返り　83
　　　（2）環境の構成としての温度計　84
　5　保育の質を高める………………………………………………84

第7章　子育て支援，家庭・地域との連携　　87

1　日本の子育て支援の現状と課題　87
　（1）子育て支援の歩み　87
　（2）保育の中の子育て支援　90
　（3）諸外国の子育て支援　93
　（4）日本の子育て支援の課題　94

2　就学前施設と地域との連携　94
　（1）就学前施設と地域との連携の現状　95
　（2）地域における子育て支援の課題　98

第8章　人間性を育てる　　101

1　人間性を育てることの大切さ　101
　（1）人間性とは何だろう　101
　（2）人間性の現状　102
　（3）未来社会と人間性　103

2　人間性を育てる保育　103
　（1）乳幼児期の人間性の発達　103
　（2）何を育てるのか　104
　（3）どのように育てるのか　105

3　人間性を育てる保育の実践　108

資　料1　様々な人間性を育てるときに役立つ絵本リスト　113
資　料2　保育関連法規　115
索　引　125

第1章 子どもたちの現状と子どもたちが迎える未来社会

子どもは自らの生きていく力と周りの環境との関わりの中で育っていく。第1章では現代の子どもたちがどのような環境の中で、どのような状況にあるのか、未来社会を生きていく子どもたちに保育は何ができるのかという2つの観点から、これから求められる保育について考察する。

1 子どもの現状

「ゾウの卵の大きさは、どのくらいの大きさでしょう？」と尋ねられると、「えっ、ゾウは卵を産まないでしょう」という答えが返ってきそうである。もちろんゾウは卵では生まれてはこない。しかしゾウの命はおなかの中の1個の受精卵から始まる。人間の子どもも母親の中のたった一つの卵（細胞）から始まり、細胞分裂を繰り返し、約10兆個といわれる細胞で目も鼻も骨も脳も作られ、その中の細胞が再び新しい卵となる。人類が地上に誕生して以来このことが繰り返され、これからも人の生命や地球や太陽が続く限り連綿と繰り返されていく。こうして生まれてきた子どもは、自ら生きようとする力を発揮して環境と関わりながら発達していく。胎児を含めた子どもを取り巻く人、物、社会、文化、自然という現代の環境は、子どもの発達にとって決して望ましいものばかりとはいえない。現在の子どもが置かれている現状はどうだろうか。

（1）スマートフォンやタブレットの普及

スマートフォン（以下、スマホ）は多機能で利便性が高いものとなり、保護者のスマホ所有率は90％を超えるといわれる。子どもは生まれたときから、目に映る生活の風景の中にスマホを使用する大人の姿が溶け込んでいる。子どもは当然のごとくスマホに興味や関心を示し、大人と同じように使ってみたいと思う。大人から見せてもらった写真や動画を自分で操作し、知っている人との

第1章　子どもたちの現状と子どもたちが迎える未来社会

＊1　SNS
「Social Networking Service」（ソーシャル・ネットワーキング・サービス）の略でインターネット上で人と人とのつながりを支援するサービス。

＊2　IoT
「Internet of Things」の略。例えばバスの位置情報や到着予定時間をスマホで知ることができる等，従来インターネットにつながっていなかったモノがネットワークを通じてインターネットにつながり，情報のやり取りができる仕組み。

1）厚生労働省『平成27年度 乳幼児栄養調査結果の概要』2018, p.22.

2）ベネッセ教育総合研究所「第2回乳幼児の親子のメディア活用調査報告書」2018, p.20, p.21, p.27.

通話には自分も参加する。成長するにしたがってSNS[*1]やネット検索，音楽や映像の視聴，デジタル図書，IoT[*2]による様々なサービス等，活用の世界が広がっていくことになる。

　生活に密着し，利便性に富んだスマホだが，ネガティブな点として① ゲームやネットサーフィン等の依存，② コミュニケーション能力の低下，③ 視力低下，④ 姿勢不良，⑤ 運動不足や小児メタボリックシンドローム，⑥ ネット犯罪（サイバー犯罪），⑦ 傷害事故等，多くの問題点が指摘されている。

1）依　存

　世界保健機関（WHO）は国際疾病分類（ICD-11）で「ゲーム障害」という病名を認定した。ゲーム障害とはゲームへの依存により，ゲームをする時間や場所等に対するコントロールができなくなり，日常生活よりもゲームを優先し，ゲームがやめられない状態で，家族や社会，教育や仕事に重大な影響を与えるほど深刻なものをいう。子どもの生活に影響を及ぼす依存の問題としては，スマホやネット依存がある。平成27年度乳幼児栄養調査結果の概要[1]によると，2歳から6歳児で1日平均3時間以上テレビやビデオを見たり，ゲーム機やタブレット等を使用したりしていた子どもは，平日で2割，休日で4割であった。また，ベネッセ教育総合研究所の2017年の調査（0～6歳）[2]では，家庭にスマホがあり，これを使用している乳幼児の18.5％が1時間以上利用している。使用内容は写真，動画，音楽の視聴が多い。ゲームは1歳児が6.5％で6歳児は41.2％と増加している。6歳児の子ども専用携帯型ゲーム機の所有率は37.4％である。将来ゲーム障害にならないためにも，他のおもちゃ等と同じように，使用時間や内容を子ども自身で自律的にコントロールできるようになることが大切である。生活の中で自立性・自律性を高めていくためには，外から与えられたプログラムで言われたとおりに行動するのではなく，自分の心でコントロールしていく力を育てることが保育の場でも重要になる。

2）コミュニケーション能力

　電車に2歳ぐらいの女児と保護者が乗車し並んで座った。するとすぐに保護者はスマホを取り出ししきりに画面を操作しはじめた。下車するまでの40分間途切れることなくその動作は続いた。その間2回ほど女児が保護者の方を見て言葉を掛けたが，保護者は子どもの顔をよく見ることなくスマホの画面を見ながら返事をしていた。このような光景は特別に珍しいことではなく，時々見かけるようになった。電車に乗ると，幼い子どもにスマホを渡し動画などを見せている姿を見かけることも多い。中には音漏れしないようにヘッドフォンまで

用意している保護者もいる。ベネッセ教育総合研究所の2017年の調査（0〜6歳）[3]では，スマホ等を子どもが使う場面として多いのは，外出先の待ち時間や子どもが使いたいとき，子どもが騒ぐときや自動車や電車での移動中等であり，お互いの顔を見合わせて交流を図る機会が減少していると推察される。

　赤ちゃんは生理的微笑みや社会的微笑み等，いつも笑っているというイメージがある。しかし，最近，笑わない赤ちゃんが増えているという。人と関わる力が十分に発達していない子どもも見受けられる。コミュニケーション能力の育ちには幼少期からの絆の形成が大切だといわれるが，社会的な動物である人間は本能的に群れる力（集団欲）をもっており，その働きは快不快等の情動に関する扁桃体等によるといわれている。群れて泳ぐ小魚の扁桃体相同領域を破壊するとその魚は集団行動をしなくなるという実験結果がある[4]。子どもの微笑み等の働きかけに応じる関わりがないと，扁桃体の機能が十分に発達しないという。

　保護者自身がスマホ等の依存の場合もある。子どものコミュニケーション能力を育てるために，授乳やおむつ交換をはじめ，あらゆる保育の場面において，顔を見合わせることによって子どもの発信する思いを受け止め，表情や言葉で応えていきたいものである。

3）前掲書2）と同じ，p.34.

4）坪川達也「社会行動と魚の脳」慶應義塾大学日吉紀要 自然科学, 26, 1999, p.6.

3）からだへの影響

① スマホと姿勢不良

　正常な首は少しカーブをして，頭を支える際のクッションになっているのに対して，スマホを使いすぎると首が直線に近くなりクッション性がなくなる。この状態では頭を支える首の筋肉等に負荷が掛かり，肩こり，首の痛み，頭痛，めまい等が起こる。さらに肩が内側に巻き込まれることも加わり，血液やリンパの流れも悪くなるといわれている。保育の中でも正しい姿勢を心掛けるような言葉掛けをしていきたい。

② 視力低下

　親の世代に比べ，幼児，小学生，中学生，高校生とも視力1.0未満の人が増えており，小学校と中学校は過去最高となった[5]。テレビやスマホだけが原因とは限らないが，一定の距離を長い時間見続けることにより，目の筋肉が固まり，疲労することによりピント調節能力の弱まりや視力の低下が起きていると考えられている。また画面を凝視することによりまばたきが少なくなり，目が乾燥し病気にかかりやすくなるという。さらにスマホから出ているブルーライトはエネルギーが強く，長時間浴びると目が傷つくおそれがある。保護者は子どもにとって生活のモデルでもある。保護者が子どもへの適切な環境を用意す

5）文部科学省「平成29年度学校保健統計（学校保健統計調査報告書）」2018, 表10.

写真1-1　秋の自然を生かして

るとともに，保護者自身が自らの適切な使用時間や正しい姿勢等に対する意識がもてるように，保育者（保育士・幼稚園教諭・保育教諭をいう）は情報を発信していかなければならない。

③　身体活動量の低下

子どもたちが心身ともに健やかに育っていくためには，適度な運動が必要である。ところがスマホやタブレットを使う時間が増えると一般的には部屋の中の遊びが増え，身体活動の時間が減少すると考えられる。実際にはテレビ視聴の時間がスマホ使用の時間に移行したことも考えられるが，いずれにしても脳やからだの成長を刺激する身体活動を伴った遊びの量は減少している。良質な睡眠のためにも就学前施設（保育所・幼稚園・認定こども園をいう）においては十分な身体活動を用意したい。

④　ゲームと脳機能

ゲームが脳に影響を与えていることは間違いないようである。影響については，プラスの実験結果もマイナスの実験結果もある。ゲームといっても，ゲーム自体の内容や質はそれぞれ違う。ゲームをする人の年齢や時間の長短，時間帯等，個々の条件の違いが結果にどう結びついているかも見極めていく必要があろう。

4）インターネット

インターネットは手軽に情報を収集したり，社会が広がったりするとても便利な道具である。しかし，ネットの世界では残虐な暴力シーンや過激な性描写など子どもに見せることが好ましくない画像や動画があふれ，自殺や犯罪を誘発するようなサイトからの情報発信もある。さらに一つ間違えば犯罪に巻き込まれてしまう恐ろしいものでもある。警察庁によると，2014（平成26）年に出会い系サイトやコミュニティサイトを通じて被害に遭った子どもの数は1,573人であった[6]。また，ネット上の書き込みによる誹謗中傷は，子どもが被害者

6）警視庁「平成26年度中の出会い系サイト及びコミュニティサイトに起因する事犯の現状と対策について」2015, 図1．

になるばかりではなく加害者になることもある。利用にあたっての情報倫理に関する学習や道徳的情操を育むことが大切になる。就学前施設は保護者へ向けて，有害サイトから子どもを守るためのフィルタリング*3等の情報提供をしていくことも必要であろう。

*3 インターネット上の有害なサイトへのアクセスを制限するもの。

(2) 子どもを取り巻く危険な環境

私たちのからだは水を飲み，食物を食べ，空気を吸うことで外の環境とつながっている。「光化学スモッグ」「酸性雨」「オゾン層の破壊」「大気汚染」「PM2.5」「海洋汚染」「環境ホルモン・ダイオキシン」「生態系の破壊」「森林破壊」「砂漠化」「温暖化」等の言葉を耳にすることも多い。この環境が，抵抗力の弱い子どもたちをはじめ人間の健康や生命を脅かしている。

国立環境研究所は，「環境ホルモン・ダイオキシン」の問題を手ごわい問題の一つとしてあげ，次のように述べている。「環境ホルモンとは，体の中にあるホルモンと似たような働きをすることにより，人や野生生物の体の成長や生殖などについての体の働きをさまたげたり，みだしたりする可能性のある化学物質全体のことをいいます。……ダイオキシンやPCB，塗料・合成洗剤・農薬・殺虫剤などに使われている化学物質などが，この正常な発達をさまたげているのではないかと問題になっています……[7]」と述べ，環境ホルモンが人や生態系にとり返しのつかない重大な影響をあたえるのではないかと警鐘を鳴らしている。具体的な事例として，農作物を収穫したあとに使われる「ポストハーベスト農薬*4」をとり上げ，これが使われたくだものの皮はそのまま食べないようにしようと呼びかけている。

7）国立環境研究所『いま地球が大変！』丸善，2005，p.28.

*4 長期保存，長期保管のために防虫，防腐，防カビ剤を収穫後に施すもの。直接に食する部分に農薬成分が多く付着するため危険性が高いといわれている。

世界的に和食が注目を浴びているが，それはなぜなのか，なぜ玄米なのか，なぜ無農薬や添加物の少ない食材なのかを生命や健康の視点から検証し，保育の場で具体的に実践していくことが求められる。国立環境研究所は，食品添加物の危険性からなるべく食品添加物の使われていないものを，新鮮なうちに食べることを推奨している。

次に子どもの命に影響を与えると思われ，検証や対応が急がれるものを取り上げてみよう。

1）ネオニコチノイド

ネオニコチノイド系の農薬は米や野菜をはじめ日本人の生活のすみずみまで浸透している。「弱毒性で，害虫は殺すが人には安全」ということで広まってきたが，世界中でミツバチの大量死を引き起こしてきた原因としてネオニコチノイド系の農薬が考えられることから，その危険性が大きく取り上げられるよ

うになった。EFSA（欧州食品安全機関）は，「この農薬に含まれる2つの成分が子どもの脳神経の発達にも悪影響を及ぼす恐れを指摘し，欧米の主要メディアがこれを大きく取り上げことから，2013年末にはEU（欧州連合）はこの農薬3成分の一時使用中止を決定した[8]」という。欧州委員会では2018（平成30）年に，ネオニコチノイド系農薬の3成分の屋外使用の禁止を決めた。子どもの脳神経の発達に影響を与えるおそれが気になるところであり，現在検証が進められている。

8）水野玲子『新農薬ネオニコチノイドが日本を脅かす』七つ森書館，2015．p.14．

2）トランス脂肪酸

食品安全委員会によると，トランス脂肪酸を過剰に摂取するとLDLコレステロールが増え，HDLコレステロールが減り，心臓病（冠動脈疾患）を増加させる可能性が高いと指摘している[9]。トランス脂肪酸が含まれた食品にはマーガリン，ファットスプレッド，ショートニングや，それらを原材料に使ったパン，ケーキ，ドーナツ，クッキー等の洋菓子，揚げ物等があり，子どもが好むものが多い。トランス脂肪酸に限らず，脂質や塩分の取り過ぎや運動不足等が小児肥満の原因と考えられているため，不要な摂取や取り過ぎには注意したい。

9）食品安全委員会「新開発食品評価書（食品に含まれるトランス脂肪酸）」2012．p.71．

（3）家庭環境の視点から

家庭が子どもだけではなく家族全員の安心できる基地になっている場合は，家族の一人一人がエネルギーを蓄え，前に進んでいくことができる。様々な家族形態の中で自他をともに肯定し，笑いのある空間があれば，心が温かくなる。しかし，実際の生活の中では，様々な悩みや苦難があり穏やかではいられない時もあるだろう。また子どもへの家庭教育では，虐待等の望ましくないことがあると，自分が受けてきたことを繰り返す虐待の連鎖の問題がでてくる。保護者自身が子育てに自信がなく，うつ状態になっている場合もある。コミュニティによる子育てについて検討し，実践していくことが求められる。現在の家庭が抱える問題をみてみよう。

1）虐　待

厚生労働省のまとめによると，全国の児童相談所が2017（平成29）年度に対応した児童虐待の件数（速報値）は，13万3,778件で前年度より1万1,203件増加している（図1-1）。心理的虐待が54.0％で前年度より9,011件増えている（表1-1）。心中以外で虐待死した事例は49例（49人）でそのうち32人が0歳児であり最も多く，月齢0か月が16人であった。母親の抱える問題としては，「予期しない妊娠/計画していない妊娠」が24人（49.0％），「妊婦健診未受診」

1 子どもの現状

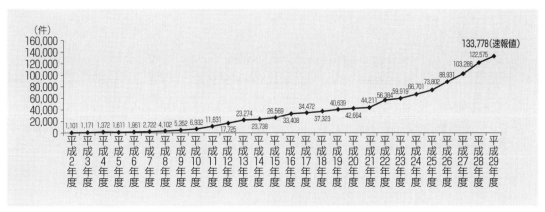

図1-1　児童虐待相談対応件数の推移

出典）厚生労働省『平成29年度の児童相談所での児童虐待相談対応件数』2018.

が23人（46.9％）で高い割合を占めている。主な虐待死の類型は身体的虐待が最も多く27人（55.1％）で，次いでネグレクトが19人（38.8％）であった。加害の動機としては「保護を怠ったことによる死亡」，「子どもの存在の拒否・否定」が比較的高い割合を占めている。虐待死の背景としては，保護者への出産や育児に対する情報や支援が不足している場合や保護者が精神的に不安定な状態が考えられる。したがって妊娠期から支援を必要とする保護者の早期把握と切れ目のない支援が求められる。「子育て世代包括支援センター」の設置や効果的運用を促進するとともに，虐待リスクに対するアセスメントとハイリスク情報の共有等により，コミュニティによる温かい子育て支援をすべての家庭と

表1-1　児童相談所での虐待相談の内容別件数の推移

	身体的虐待	ネグレクト	性的虐待	心理的虐待	総　数
平成20年度	16,343 (38.3%)	15,905 (37.3%)	1,324 (3.1%)	9,092 (21.3%)	42,664 (100.0%)
平成21年度	17,371 (39.3%)	15,185 (34.3%)	1,350 (3.1%)	10,305 (23.3%)	44,211 (100.0%)
平成22年度	21,559 (38.2%)	18,352 (32.5%)	1,405 (2.5%)	15,068 (26.7%)	56,384 (100.0%)
平成23年度	21,942 (36.6%)	18,847 (31.5%)	1,460 (2.4%)	17,670 (29.5%)	59,919 (100.0%)
平成24年度	23,579 (35.4%)	19,250 (28.9%)	1,449 (2.2%)	22,423 (33.6%)	66,701 (100.0%)
平成25年度	24,245 (32.9%)	19,627 (26.6%)	1,582 (2.1%)	28,348 (38.4%)	73,802 (100.0%)
平成26年度	26,181 (29.4%)	22,455 (25.2%)	1,520 (1.7%)	38,775 (43.6%)	88,931 (100.0%)
平成27年度	28,621 (27.7%)	24,444 (23.7%)	1,521 (1.5%)	48,700 (47.2%)	103,286 (100.0%)
平成28年度	31,925 (26.0%)	25,842 (21.1%)	1,622 (1.3%)	63,186 (51.5%)	122,575 (100.0%)
平成29年度*（前年比増減）	33,223 (24.8%)（+1,298）	26,818 (20.0%)（+976）	1,540 (1.2%)（-82）	72,197 (54.0%)（+9,011）	133,778 (100.0%)（+11,203）

＊　速報値　　　　出典）厚生労働省『平成29年度の児童相談所での児童虐待相談対応件数』2018.

第1章 子どもたちの現状と子どもたちが迎える未来社会

子どもたちに保障していきたい。

2）貧　困

厚生労働省「平成28年国民生活基礎調査」によると，2015（平成27）年の子どもの貧困率*5は13.9％で，2012（平成24）年の子どもの貧困率16.3％より改善傾向にある。しかし，この数字は7人に1人の子どもが貧困状態におかれているということである。さらに，ひとり親世帯の子どもの依然として貧困率は50.8％で半数以上の子どもが貧困状態にあり，早急に改善しなければならない課題であることを示している。

＊5　子どもの貧困率
貧困線（等価可処分所得の中央値の半分）に満たない子どもがいる現役世帯の割合。

2013（平成25）年に，貧困の状況にある子どもが健やかに育成される環境を整備するとともに，教育の機会均等を図るため，子どもの貧困対策を総合的に推進することを目的とした「子どもの貧困対策の推進に関する法律」が制定された。この法律は，子どもの将来がその生まれ育った環境によって左右されることがなく，また貧困の世代間連鎖が解消されて全ての子どもたちが夢と希望をもって成長していける社会の実現を目指し，子どもの貧困対策を総合的に推進することを理念としている。教育の支援では，きめ細かな学習指導による学力保障や教育費負担の軽減，学習支援の推進を目指して取り組まれるとともに，保護者に対する就労支援や経済的支援なども重点施策にあげられている。

2018（平成30）年春に地域の子どもたちに無料や低額で食事を提供する「子ども食堂」が全国で2,200か所以上に増えたという調査結果が「こども食堂安心・安全向上委員会」によって発表された[10]。子ども食堂に対する規定等がないため，その内容や地域にはバラツキもあるが取り組みの広がりを感じさせる。しかし一方では，食中毒対策や保険への加入等のリスクマネジメントに対する立ち遅れもあり，社会的な支援が一層求められている。子ども食堂が貧困家庭の問題だけでなく，子どもの居場所となり，学習や遊びの支援及び個食や孤食の問題も解決してくれることが望まれる。さらには高齢者や子育て家族の居場所となることも期待される。

10）日本子どもNPOセンター『子どもNPO白書2018』エイデル研究所，2018，p.63.

3）不登校といじめ

幼児期には，重大な問題として取り上げられる不登校やいじめはほとんど見られないものの，小学生から高校生の間で不登校やいじめが深刻になっている。2016（平成28）年の不登校児童・生徒は21万人を超え，不登校の主な原因として，友人関係をめぐる問題，家族関係をめぐる問題，不安等の情緒的混乱がある[11]。幼児期においても，子どもの登園を渋る行為は，小学校に進学して不登校になるのではないかという不安を保護者に抱かせ，仕事をしている保護

11）文部科学省『不登校児童生徒への支援に関する最終報告』2016.

者に，子育てと仕事のはざまの悩みを与えることとなっている。一方，2016（平成28）年のいじめの発生件数は小学校，中学校，高等学校の合計で32万件を超え，年々増加している[12]。ここでは幼児期の問題行動について事例を通してみていく。

> **事例1-1　幼児期の問題行動**
>
> 　A児（4歳，男）の下靴が片方だけ見当たらない。探すとゴミ箱の中から出てきた。数日後，外回りの清掃中に粘土の塊を窓の下で見つける。念のためA児の粘土ケースを確認すると，中にはほとんど粘土がなかった。その後，同じクラスの3人の男児が関わっていたことが分かった。理由を尋ねると「お母さんが，Aくんと遊ばないようにと言ったから」という答えであった。保護者に確認すると，「そのような行為に結び付くとは思っていなかった」ということであった。
>
> 　年長児のクラスで，「ばか」「くるな」「あっちにいけ」等の心が痛む言葉が見受けられるようになった。心が温かくなるような言葉での関わりを促すために，子どもたちにニコニコ言葉とチクチク言葉探しを提案した。模造紙の2本の木に，子どもたちは耳にした言葉をニコニコとチクチクの葉っぱカードに記入し貼り付けていった。圧倒的にニコニコ言葉の葉っぱが多くなった。
>
> 　B児（5歳，男）は，保育者が呼びかけても返事をせずに無視をしているように感じることがある。急に席を立って自分の好きな行動をする。保育者や友だちに急に接触したり飛び掛かったりする。友だちと遊んでいて，他の子が持っているものを急に取り上げて自分で動かしてしまう。したがって他の子どもたちとのトラブルも起きやすく，保育者が日頃話している望ましい姿とは反するために，子どもたちの口からは「Bくんは悪い子」という言葉が聞かれるようになった。

　幼児の場合，ぶつかり合いの中で他者理解や自己制御の力が育つといわれる。また言葉の面白さと出会う中で，相手のことを考えずにはやし言葉や汚い言葉を使うこともある。さらに双方がいじめに対する意識が希薄なこともあり，いじめかどうかの判断が付きにくいところではある。いじめの背景としては家庭環境の変化，障がいの有無，外国籍，虐待等，様々なことが考えられるが貧困との関係も指摘されている[13]。発達障害がいじめにつながらないためには，当該児及びクラスの子どもたちに適切な対応ができる保育者の高い専門性が不可欠であり，さらなる研修等の学習機会が求められる。

　嫌なことや辛いことを乗り越える心の強さや，相手の気持ちを考えて行動する，人が嫌がることをしない等の相手の人格を尊重する思いや規範意識の育成は保育の課題である。小学校以降の問題ではなく，保育が取り組むべき重要な課題として，不登校児童・生徒がいない学校，いじめのない社会を目指したい。

12) 文部科学省『児童生徒の問題行動・不登校等生徒指導上の諸問題に関する調査』2017.

13) 舞田敏彦『データで読む教育の論点』晶文社，2017, p.68.

第1章　子どもたちの現状と子どもたちが迎える未来社会

2　子どもが迎える未来社会予測

　科学の発展に伴ってめまぐるしく移り変わる社会の将来を予測することは非常に困難である。国際的競争や国際的規制，社会の取り組みと個人の幸福等，交錯する価値観の多様化の中で，社会の変化は複雑さを増していくと予測される。しかし，このような社会の中で，一人一人が幸福に生きていくことを可能にする資質・能力を育むことは教育・保育の責任であろう。これからの教育や保育は，幼稚園教育要領，保育所保育指針，幼保連携型認定こども園教育・保育要領，小・中・高の学習指導要領が改訂（改定）された中で，「生きる力の基礎となる資質・能力の3つの柱[*6]」を実現していくための取り組みがなされることが予測できる。大学入学の新テストでは，従来の「知識・技能」を問う内容だけではなく，「思考力・判断力・表現力」を重視した問題が出題されるという。教育方法も「課題の発見・解決に向けた主体的・対話的で深い学び（アクティブ・ラーニング）」により，思考力・判断力・表現力が育成され，生涯にわたって活用される「生きる力」が育まれることであろう。そのためには，子どもの学びに対する興味や関心を呼び起こす環境の構成や，熱中したり，挑戦したり，乗り越えたりする姿を受容し，励ます支援が求められる。さらに人間性や学びに向かう非認知的能力[*7]，社会的情動の育ちが乳幼児期から重要であることの認識とその対応が不可欠である。幼児教育における生きる力の3つの柱の内「学びに向かう力・人間性等」にだけ「～の基礎」が付いていない理由がここにある。

(1) AI（人工知能）化の視点から

1) 少子化とAI化

　少子化で，労働人口の不足が懸念されている。これを補うため，外国人労働者を確保するための施策も講じられているが，企業の工場等では人に代わって自動的に判断できるAIロボットの機械を導入し，労働力不足に対応しようとしている。乗客を乗せたバスやタクシーの自動運転のテストが公道で実施されており，2020年には無人の自動運転が実用化されるという。ドローンによる無人配達は，輸送のための労働力不足を補い，へき地や離島に時間をかけずに物を届けられるようになる。

　保育所への入所希望者を実際にどの保育所に入所させるかの割り振りは各市町村で行われているが，保育の必要度（保護者の就労状況や家庭状況等から判断）による点数化に加え，利用者の様々な要望にも応えるため，地域によっては数

*6　「幼児教育において育みたい資質・能力」の3つの柱は「知識技能の基礎」「思考力，判断力，表現力等の基礎」「学びに向かう力，人間性等」。

*7　非認知的能力
「知っている」「できる」等の数値化できる認知能力に対して，数値では表しにくい「好奇心や意欲」「根気強さ」「感情の制御」等の力をいう。保育の中で大切にされてきた視点「心情」「意欲」「態度」は非認知的能力といえる。

十時間に及ぶ膨大な作業量になっている。この作業にAIに導入し処理すると，数秒で割り振りが可能になり，人による作業量が大幅に削減される。AIの導入によって，労働力不足や過重労働が解消されることが期待される。

　AIやIoTによる労働状況の変化によって，職種の半分ぐらいが人の手を離れることになり，結果的に人から就労機会を奪うおそれがある[14]。労働は生活の糧を得るための手段であるとともに，社会の一員としての存在価値を感じることができる場の一つでもある。労働が人の生活や人生の大きな支えとなり喜びを与えてくれることを考えると，AIにより就労機会が狭まることは大きな危機であるとも考えられる。

　子どもたちの「将来なりたい職種」のアンケートの中で，先生や保育者は上位10位に入っていることが多い。AIをはじめ様々な科学技術の進歩により，将来ヒト型ロボットが保育者として導入された時のことを考えてみよう。現時点では保育者ロボットの可能性は低いと思われるが，実現すれば現代の保育者不足は一気に解消する。しかしその一方，ロボットが優秀であればあるほど人が入り込む余地が少なくなり，子どもたちの将来における就労への機会が狭められるとともに，職業への夢や選択肢を変更せざるを得ないということになってしまう可能性がある。これからの時代に求められることは，AIやIoTによる労働状況の変化に対応する労働観やスキルの育成であろう。

[14] 新井紀子『AI vs. 教科書が読めない子どもたち』東洋経済新報社, 2018, p.74.

2）活用の方向性

　プロ棋士とAIを組み込んだコンピュータ将棋ソフトとが対戦するとどちらが強いのだろうか。実際に対戦が行われ，プロ棋士がAIに敗れたことが話題となった。将棋ソフトを開発したのは人間だが，組み込まれたAIは膨大なデータの集積と処理能力に優れており，自ら学習して次の一手を判断していく。福祉や医療の分野でもAI化が進んでいる。AIが組み込まれた義手や義足は利用者の状況に合わせて動かせるよう自ら学習し調整していく。高齢者介護におけるコミュニケーションロボットは，医療的な見守り機能に加え，表情や感情をも読み取って対話をしてくれる。今後さらに人の命や幸福に貢献する分野でAIの活用が期待されている。

　一方，人の命を奪う兵器でもAI化が進んでいる。これまでも無人の兵器は開発されてきたが，人工知能が判断して敵を攻撃する自律型致死兵器システムが現実味を帯びている。今後，核兵器の恐怖と同様にAI兵器への脅威が世界を覆うことになるかもしれない。

　これからの子どもたちは，AIの利用者というだけでなくAIを活用した技術革新や経済革新を担う当事者となることが予想される。その時に，技術革新や

経済革新に振り回されるだけの人間になるのではなく，思いやりやさしさをもち，生命の尊さや自然の大切さを感じた上で，AIをいかに活用するか自ら判断して行動できる人間へと育って欲しい。さらに子どもたちが生きる未来社会では，世界中の紛争や戦争がなくなり，世界の平和が訪れることを願ってやまない。

そのためにも国際的な取り組みが平和を志向するとともに，一人一人の命を尊ぶことを育てる教育が日常的に繰り返されることが望まれる。世界で最初に保育施設を作ったといわれるロバート・オーエンは，工場敷地内に「性格形成新学院」を設立し，2歳以降の子どもたちへは「遊び仲間をそこなうようなことをしてはならない。それどころか仲間を幸福にするよう全力をつくさねばならない[15]」（一生けんめいお友だちを幸福にしてあげましょう）と繰り返し教えた。また教える者と教えを受ける者との間に真の愛情と完全な信頼を創り出すために，すべての雇われている教師には，声の調子，姿，言葉，行動において絶えざる親切を，例外なくすべての子どもたちに示すことが求められたという。温かい人間関係のもと世界平和を希求する人を育てるにあたっては，是非継続していきたいことである。

> [15] ロバアト・オウエン『新社会観』岩波文庫，1954, p.68.

（2）豊かさの視点から

経済的価値を追求する社会では，より便利で興味を引く新しいものがつくり出される。しかし，物質的な豊かさに価値を置き，走りっぱなしでは，生命活動を支える重要な機能である自律神経[*8]のバランスを崩し心身の病気へのリスクを高めることとなる。

人間には，物の豊かさだけではなく，心の豊かさに価値を置いた生活が求められる。心の豊かさは個人の問題にとどまらず，地球環境に至るまで今後の重要な課題となるであろう。物質的豊かさの追求は，必要以上に自然を破壊する開発や，金銭的価値を生む動植物の捕獲，伐採により生態系を壊していく。

> [*8] 自律神経
> 自律神経には交感神経系と副交感神経系の2種類があり，交感神経系がからだを支配するときは活動が活発な状態となり，副交感系が支配するときはリラックスした状態になる。交互にバランスよく働くことにより健康度が高まる。

写真1-2　大きくなったね

具体的に何かを手にするという物質的な豊かさを求めることと、目には見えないが精神的な幸福感を得るという心の豊かさとのバランスがさらに求められる。保育の世界でも、学びの成果による知識や技術の獲得という「物質的豊かさ」を得る以上に目には見えない「心の豊かさ」に結び付く保育が求められるであろう。

小学校との接続において、アプローチカリキュラム[*9]に小学校の教科教育を中心としたプレスクールのような内容を取り入れている就学前施設と、時間も空間も比較的に開かれた中で、経験を中心とした内容を行っている就学前施設とがある。小学校のスタートカリキュラム[*10]はできる限り幼児教育の特性を生かした内容を取り入れる方針で取り組まれている。今後は幼児教育と小学校との連続したカリキュラムが求められるが、幼児期だからこそ精神的豊かさに価値を見出すカリキュラムが不可欠である。

3 日本の子ども・世界の子ども

(1) 自己肯定感

国立青少年教育振興機構の『高校生の生活と意識に関する調査報告書〔概要〕』〔2015（平成27）年〕における国際比較によると、日本の子どもたちの自己肯定感（自分に対する肯定的意識）は諸外国に比べて低い状況にある。「私は人並みの能力がある」という項目に対して「とてもそう思う」「まあそう思う」と答えた人が日本は55.7％で、米国（88.5％）、中国（90.6％）、韓国（67.8％）に比べて低い。

また「自分はダメな人間だと思うことがある」という項目に対して「とてもそう思う」「まあそう思う」と答えた人が日本は72.5％で、米国（45.2％）、中国（56.4％）、韓国（35.2％）に比べて高く、自己肯定感の低さがうかがえる[16]。

自己肯定感の育ちは人間形成における重要な要素であり、これが育っていないと、自分はダメだと思いやすく、現実の問題から逃避したり、自暴自棄になり自分や他人を傷つけたり引きこもったりしがちになる。

自己肯定感は自己の生き方とともに、他人との関係性にも大きな影響を与える。自分を信じることができ、心が安定すると他人を受け入れ信じることができるようになる。自分も他人も信じることができる自他肯定という望ましい関係性をもつことができると、幼児期の後半に見られるお互いが支え合い、高め合っていこうとする協同性が育っていくこととなる。

アンケートの結果と国際比較を通して考えられることは、良好な人間関係を

[*9] **アプローチカリキュラム**
就学前の幼児が円滑に小学校の生活や学習へ適応できるようにするとともに、幼児期の遊びや生活を通した学びが小学校の生活や学習に生かされてつながるように工夫された5歳児のカリキュラム。

[*10] **スタートカリキュラム**
幼児期特有の遊びを通した総合的活動と幼児期の終わりまでに育って欲しい10の姿を踏まえて、小学校の授業を中心とした学習へうまくつなげるため、小学校入学後に実施される合科的・関連的カリキュラム。

16) 国立青少年教育振興機構『高校生の生活と意識に関する調査報告書-日本・米国・中国・韓国の比較-』2015, pp.33-35.

築いていくために必要な「自己肯定感」を高めていくことが，今後の日本の教育の重要な課題の一つであることを示唆している。

（2）日本の子ども

日本の子どもの幸福度の総合順位は先進国31か国中6位で1位はオランダであった。教育と日常生活上のリスクの低さはともに日本が1位であった[17]。

「○○の国の子どもは〜」ということはできるが，世界の子どもも日本の子どもも地球の子どもである。日本においても，一人一人の子どもをひとまとまりに日本の子どもと呼ぶのは難しい。民族や地域の文化によっても違いがあるが，個々の子どもを見つめるときはなおさらである。それぞれに個性があり背景がある。都市化や過疎化等の地域環境の違い，保護者の就労状況や帰宅時間の違い，核家族や多世代家族，ひとり親家庭や兄弟姉妹の数等の家族構成の違い，児童養護施設や里親等の社会的養護のもとでの生活や精神的な病を抱える保護者のもとでの生活等，一人一人の子どもはそれぞれの生活環境の中で一生懸命生きている。

一人一人の子どもの事情に心を配り，子どもの権利を尊重しながら一人一人の子どもたちの育ちを地域で支援していくことが求められる。また，子どもだけではなくその子に関わる人々も一生懸命生きている。子どもはもちろん，その周りの人々もみんなが幸せになることによって初めて幸福なコミュニティが生まれるといえる。コミュニティの一員として支援に関わっているという意識は自己肯定感を育てることになる。

（3）地球の子ども

世界に目を転じると，紛争や自然災害による貧困や難民生活，感染症や飢餓，家族の離別や暴力等，様々な課題が子どものまわりを取り囲んでいる。2015（平成27）年の「国連持続可能な開発サミット」で，貧しい国だけではなくすべての国々に対して，貧困に終止符を打ち，不平等と闘い，気候変動と環境保護に対処しながら地球を守ることを呼びかけた「持続可能な開発目標 Sustainable Development Goals（SDGs）」が策定された。2016年から2030年までの世界の長期目標には次のような17の目標が掲げられている。

地球上の世界のすべての子どもたちのまわりで，この目標が達成できれば，持続可能な豊かな人間性の育ちと幸福を子どもたちに届けることができる。

SDGs策定の背景には「誰一人取り残さない（No one will be left behind）」というスローガンがあったという。日本の教育・保育にも素晴らしい目標がある。それは教育の憲法ともいわれる教育基本法の前文に書かれている「世界の

17）ユニセフイノチェンティ研究所・阿部彩・竹沢純子『イノチェンティレポートカードⅡ 先進国における子どもの幸福度-日本との比較 特別編集版』日本ユニセフ協会，2013, p.2.

> **17の目標**
>
> ① 貧困をなくそう　② 飢餓をゼロに　③ すべての人に健康と福祉を　④ 質の高い教育をみんなに　⑤ ジェンダー平等を実現しよう　⑥ 安全な水とトイレを世界中に　⑦ エネルギーをみんなにそしてクリーンに　⑧ 働きがいも経済成長も　⑨ 産業と技術革新の基盤をつくろう　⑩ 人や国の不平等をなくそう　⑪ 住み続けられるまちづくりを　⑫ つくる責任つかう責任　⑬ 気候変動に具体的な対策を　⑭ 海の豊かさを守ろう　⑮ 陸の豊かさも守ろう　⑯ 平和と公正をすべての人に　⑰ パートナーシップで目標を達成しよう[18]

平和と人類の福祉に貢献することを願うものである…」であり，このことを念頭に置いて教育・保育を行うことにより，世界の平和と人類の福祉を実現しようとする心情，意欲や態度，知識や技術，判断力や思考力を育み，SDGsの目標の実現へ向けて取り組む未来の担い手が育つことが期待される。

18）蟹江憲史ほか編著『SDGsと環境教育』学文社，2017, p.82.

演習課題

課題1：「子どもが危ない」をテーマに調べたり，話し合ってみよう。

課題2：幸福や豊かさの質について話し合ってみよう。

課題3：2歳児と5歳児のかけっこの様子の違いから自尊心について考えてみよう。

コラム　子どもたちが迎える未来社会

　2009（平成21）年，我が国の人口がついに減少し始めました。現在の人口は約1億2,600万人〔2019（平成31）年〕ですが，2060年には8,674万人〔2010（平成20）年人口の32.3％減〕にまで減少すると見込まれています。問題なのは生産年齢人口の減少と高齢者が占める割合の増加です。生産年齢人口は2060年には現在より45.9％も減少する一方，65歳以上高齢者人口の割合は増加を続け，2036年には33.3％，すなわち国民の3人に1人は高齢者ということになるのです。働く人の税金，年金，医療保険などの負担率が大きくなることは確実です。我が国の変化はこれだけにとどまりません。

　これから10～20年の間に今ある仕事の5割以上がロボットやAIにとって代わられるといわれています。小売店販売員，一般事務員，会計士，セールスマン，カウンター接客係，レジ・切符販売，運転手等の仕事はなくなるかもしれません。残るのは「創造的知性を活かす仕事」と「人の感情を動かす仕事」です。

　人手不足の解消のため労働力の規制が緩和され，外国人労働者が増加するでしょう。隣近所に，日本に住んで働いている外国出身者が目立つようになります。

　全国の市町村の半数はなくなるかもしれません。田舎が消えていくのです。その一方で世界の人口は増え続けています。現在は70億人強ですが，2050年には90億人を超えると予測されています。途上国は工業化していきます。現在は世界第4位の輸出額も徐々に低下するでしょう。

　30年後の日本は夏は暑さにうだり，財布はいつも軽く欲しいものも買えない，輸入ブランド品なんてとんでもない，食べたいものも食べられない，失業者があふれている，帰る故郷がないという住みづらい国になってしまうのでしょうか。

　そんなことは決してないと信じています。1945（昭和20）年，敗戦で一面の焼け野原だった我が国を，20年もたたないうちに世界トップクラスの工業国，輸出国にした日本人です。一人一人が持てる力を発揮し，力を合わせ，温かい心で支え合って苦しい状況を切り抜け，今よりもっと幸せな社会にしていくことでしょう。教育がそれを可能にします。保育はそのような資質・能力の基礎を育てます。未来社会の視点から保育を見つめ，確かな保育を創っていきましょう。

第2章 保育の意義・役割とこれからの課題

　本章では，子どもを守り育てる立場から，保育の意義や役割，子どもの育ちを援助する集団施設の保育について解説する。次に，保育所，幼稚園，認定こども園の，それぞれの保育の目標について明らかにする。そして，2017（平成29）年に改定（訂）された保育所保育指針，幼稚園教育要領，幼保連携型認定こども園教育・保育要領，小学校学習指導要領をもとに，保育・教育界の方向性と保育の今日的課題について考察する。

1 保育とは何か

　保育とは，辞典によれば，「乳幼児の成長・発達を援助し，心身の保護と自立のための教育を促すために行う大人の行為の総称を指す[1]」と定義され，英語では「Early Childhood Care and Education」と訳される。このことから，日本語においても，その英訳においても，保育は養護でもなく，教育でもなく，養護と教育が一体的に行われる行為であることがわかる。

　保育は大別すると，家庭での保育（家庭保育）と，集団施設での保育（集団施設保育）に分けることができる。本書では，主に後者を中心に，保育所，幼稚園，認定こども園の集団施設保育について考察する。

（1）子どもを守る立場から

　日本国民は全て，日本国憲法第14条が規定するように「法の下に平等」であり，同25条の規定により「健康で，文化的な最低限の生活を営む権利」（生存権）を有している。その精神を児童[*1]のために特化した法律が1947（昭和22）年に公布された児童福祉法[*2]であり，その第1条に児童は適切に養育される権利を有していることが明記されている。

---

1) 谷田貝公昭編集代表『新版・保育用語辞典』一藝社，2016, p.347.

*1　児童
　児童とは，児童福祉法第4条で定義されているように，18歳に満たない乳児・幼児・少年をさす。本章では児童福祉法に関わる部分では「児童」という言葉を使用するが，その他の部分では「子ども」という同意語を使用する。

*2　児童福祉法
　昭和22年法律第164号　平成29年6月23日公布（平成29年法律第71号）改正

第2章　保育の意義・役割とこれからの課題

> **児童福祉法（抄）**
> 第1条　全ての児童は，児童の権利に関する条約の精神にのっとり，適切に養育されること，その生活を保障されること，愛され，保護されること，その心身の健やかな成長及び発達並びにその自立が図られることその他の福祉を等しく保障される権利を有する。

　このように，すべての児童は適切に養育される権利，つまり保育を受ける権利を有している。児童は家族を含む保護者等から，愛され，守られる存在だということである。同時に，児童は社会の一員として，心身の健やかな成長及び発達並びにその自立が図られることを保障されている。

　児童福祉法を受けて，児童が保育を受ける権利を有することを明確にしたのが，1951（昭和26）年に制定された児童憲章である。児童憲章は，全ての児童の幸福を図るために定められたものであり，その冒頭に3項目が記載され，その3項目の詳細として，その後に全12条が記載され，児童憲章の全体が構成されている[*3]。この憲章の基本理念が保育の本質である。

*3　余裕があれば，児童憲章の全12条を含めた全文を読んでみよう。

> **児童憲章（抄）**
> われわれは，日本国憲法の精神にしたがい，児童に対する正しい観念を確立し，すべての児童の幸福をはかるために，この憲章を定める。
> 　児童は，人として尊ばれる。
> 　児童は，社会の一員として重んぜられる。
> 　児童は，よい環境の中で育てられる。

*4　**児童の権利に関する条約**
　通称は「子どもの権利条約」という。は，国際的な基本原則であり，日本は1994（平成6）年に批准した。

　児童憲章の基本理念は，日本の「子どもの最善の利益」を保障するものであり，1989（平成元）年の国連総会で採択された「児童の権利に関する条約[*4]」と同様に日本の保育の考え方に大きな影響を与えている。

（2）子どもの育ちと援助

　子育ての方法は，動物の種によって様々であり，それぞれの方法を見ると実に興味深いものがある。ここでは人間が生まれた瞬間から幼児期の終わりまでの子どもの育ちと援助について考えてみよう。

1）人間として育ち

　子どもの育ち，特に乳幼児の育ちは，霊長類ヒト科としての育ちと人間としての育ちに分けて考えることができる。霊長類ヒト科の育ちは，生物のヒトとして生まれもった本能によるものとして捉えることができる。猫は生まれながらに「ニャー」と鳴き，牛や馬は生まれると直ぐに立とうとする。人間も霊長

類ヒト科として，生まれたら直ぐに泣こうとするし，手のひらを押されると握ろうとする。このように，霊長類ヒト科としてのもって生まれた本能に基づいた育ちがある。

　一方で，本能によるものではなく，その後の後天的な影響によって培われるもの，育てられるものがある。これは乳幼児期の保育によって育まれる。0・1歳児に言語習得のための特別の保育をしなくても，子どもは2歳くらいになると自然に言葉を理解し，流暢(りゅうちょう)に話をするようになる。これを第一言語の獲得という。日本ではほとんどが日本語，英語圏では英語というように，育った環境によって言語が習得される。子どもの育ちの環境の中に言語が存在していなければ，言語の習得はない。何らかの原因で第一言語の獲得時期が遅くなれば，第一言語の習得に時間がかかったり，違った方法*5での学習が必要になる等の問題が発生することになる*6。

　このように，乳幼児期には本能でもない，かといって系統的な学習でもない，乳幼児期特有の保育がある。乳幼児期の保育は，その後の学校教育等における教育とは異なるものである。乳幼児期の保育は，「養護と教育が一体的に行われる2)」，「○○を培う3)」という言葉で表現されている。乳幼児期の保育によって，人間としての基礎が培われる。

2）素質と保育

　子どもには生まれもった能力があり，それは素質と呼ばれる。その素質に対する様々な働きかけが保育である。個人の素質は，遺伝子レベルでかなりの部分が規定されているといわれる。個人が，どんなに努力しても，どんなに鍛えても，遺伝子レベルでできることとできないこと，すなわち限界があるように思われる。しかしながら，その限界とは，何らかの物差しで他人と比較しようとする場合での限界ではないだろうか。人間が本当に大切にしなければならないことは，人と比べた優劣よりも，個人がもって生まれた素質を最大限に生かし，その素質を自己の意思によって最大限に伸ばすことであり，その結果を自己評価できることではないだろうか。

（3）就学前施設（保育所，幼稚園，認定こども園）の保育

　ここでは，就学前の集団保育を実践している，保育所，幼稚園，認定こども園の保育について考察する。

1）保育所の定義及び目的

児童福祉施設である保育所は，児童福祉法で次のように定義されている。

*5　違った方法とは，例えば，小・中・高等で実践されている英語教育であり，論理的な文法教育や単語の暗記等の方法。

*6　下記の著書の中で，狼に育てられたアマラとカマラの第一言語獲得の過程とその困難さが記されている。
　アーノルド ゲゼル，生月雅子訳『狼にそだてられた子』家政教育社，1967.

2)　厚生労働省『保育所保育指針』（第1章 総則 1（1）イ）2017.

3)　厚生労働省『保育所保育指針』〔第1章 総則 1（2）ア（イ），（ウ），（エ），（カ）〕2017.

> **児童福祉法**
>
> 第39条　保育所は，保育を必要とする乳児・幼児を日々保護者の下から通わせて保育を行うことを目的とする施設（利用定員が20名以上であるものに限り，幼保連携型認定こども園を除く。）とする。
> 　2　保育所は，前項の規定にかかわらず，特に必要があるときは，保育を必要とするその他の児童を日々保護者の下から通わせて保育することができる。

　この条文から分かるように，保育所保育の対象は「保育を必要とする乳児・幼児…」であり，乳幼児が保育を必要とするときに，保育所は日々保護者の下から通わせて保育を行うことができる施設である。つまり，保育所は，乳幼児の権利を保障することを主目的とした施設である。

　保育所保育指針（以下，保育指針）では，長い間「保育」という言葉が用いられてきた。平成29年告示保育指針から「保育所保育」という用語が新たに用いられるようになった。家庭保育等の広い意味で家庭等の育児にも用いられる「保育」という名称ではなく，集団施設保育として特化した保育所の保育に限定した意味での「保育所保育」という用語が用いられた[4]。このことにより，保育所における保育の専門性をより明確にすることになった。

4）厚生労働省『保育所保育指針』（第1章 総則 1）2017.

2）幼稚園の定義及び目的

　幼稚園は，学校教育法で規定されている学校であり，小学校，中学校，義務教育学校，高等学校，中等教育学校，特別支援学校，大学及び高等専門学校と同様に集団教育を行う施設である（学校教育法第1条）[*7]。したがって，幼稚園は集団を対象に保育・教育を行う学校であり，その他の学校と同様に教育の場である。しかし，幼稚園教育にはその他の学校教育と共通するものがある一方で他の教育とは異なる独自性があり特徴的な教育内容や方法がある。

　幼稚園教育の目的は，学校教育法第22条に記載されている。

＊7　学校教育法
　昭和22年法律第26号　平成30年6月1日公布（平成30年法律第39号）改正

> **学校教育法**
>
> 第3章　幼稚園
> 〔目的〕
> 第22条　幼稚園は，義務教育及びその後の教育の基礎を培うものとして，幼児を保育し，幼児の健やかな成長のために適当な環境を与えて，その心身の発達を助長することを目的とする。

　このことから，幼稚園は，幼児の心身の発達を助長することを目的とする施設であり，義務教育及びその後の教育の基礎を「培う」場であることがわかる。小学校の目的は，「小学校は，心身の発達に応じて，初等普通教育を施すことを目的とする」（学校教育法第17条）である。両者を比較するとその違いが

見えてくる。「助長する」は「教育を施す」という言葉からは一線を画しており，援助的な意味合いが強い。これらのことから，幼稚園は，幼児の健やかな成長のために，適当な環境[*8]を与えることによって幼児の心身の発達を助長する間接的な教育[*9]が意図されている。

3）認定こども園の定義及び目的

保育所と幼稚園の機能の両方を兼ね備えた第3の施設として認定こども園がある。認定こども園は，「就学前の子どもに関する教育，保育等の総合的な提供の推進に関する法律」（以下，「認定こども園法」という）で，次のように定義されている。

[*8] 適当な環境とは，「いいかげん」という意味合いは一切なく，「適切で正しい」の意である。

[*9] 例えば，小学校教師が直接に子どもと関わる直接的な教育に対して，保育者と子どもの間に環境がある教育の形態を間接的な教育という。

> **認定こども園法**
> 第2条7 この法律において「幼保連携型認定こども園」とは，義務教育及びその後の教育の基礎を培うものとしての満3歳以上の子どもに対する教育並びに保育を必要とする子どもに対する保育を一体的に行い，これらの子どもの健やかな成長が図られるよう適当な環境を与えて，その心身の発達を助長するとともに，保護者に対する子育ての支援を行うことを目的として，この法律の定めるところにより設置される施設をいう。

「義務教育及びその後の教育の基礎を培うものとしての満3歳以上の子どもに対する教育」は保育所と幼稚園に共通する機能であり，「保育を必要とする子どもに対する保育」は保育所の機能である。このことから，認定こども園は保育所と幼稚園の両方の機能をもっている就学前施設であることがわかる。

2 保育の目標

集団施設保育を実践している，保育所，幼稚園，認定こども園には，それぞれに目的がある。その目的を達成するために，具体的な目標をもって保育・教育実践が行われる。目標の達成を目指して，保育者（保育士，幼稚園教諭，保育教諭をいう）は計画的に保育・教育を実践し，目標の達成度を評価する。保育・教育の目標は，保育所，幼稚園，認定こども園それぞれで定められている。

(1) 保育所における保育の目標

保育所の保育目標は，保育指針に記載されており，園児に対する保育・教育についての目標と保護者に対する支援についての目標の2つがある。園児に対する保育・教育についての目標は次頁の通りである。

保育所の目標

ア　保育所は，子どもが生涯にわたる人間形成にとって極めて重要な時期に，その生活時間の大半を過ごす場である。このため，保育所の保育は，子どもが現在を最も良く生き，望ましい未来をつくり出す力の基礎を培うために，次の目標を目指して行わなければならない。

（ア）　十分に養護の行き届いた環境の下に，くつろいだ雰囲気の中で子どもの様々な欲求を満たし，生命の保持及び情緒の安定を図ること。

（イ）　健康，安全など生活に必要な基本的な習慣や態度を養い，心身の健康の基礎を培うこと。

（ウ）　人との関わりの中で，人に対する愛情と信頼感，そして人権を大切にする心を育てるとともに，自主，自立及び協調の態度を養い，道徳性の芽生えを培うこと。

（エ）　生命，自然及び社会の事象についての興味や関心を育て，それらに対する豊かな心情や思考力の芽生えを培うこと。

（オ）　生活の中で，言葉への興味や関心を育て，話したり，聞いたり，相手の話を理解しようとするなど，言葉の豊かさを養うこと。

（カ）　様々な体験を通して，豊かな感性や表現力を育み，創造性の芽生えを培うこと[5]。

5）厚生労働省『保育所保育指針』〔第1章 総則 1（2）〕2017.

　乳幼児期は「人間形成にとって極めて重要な時期」であり，保育所は子どもが「生活時間の大半を過ごす場」である。したがって，入所児の人間形成にとって，保育所での生活時間は非常に重要である。このことに基づいて，「子どもが現在を最も良く生き，望ましい未来をつくり出す力」としての「生きる力」の基礎を培うための具体的な6つの目標が設定されている。

　「（ア）十分に養護の行き届いた環境の下に，くつろいだ雰囲気の中で子どもの様々な欲求を満たし，生命の保持及び情緒の安定を図ること」という目標は養護に関する目標であり，幼稚園の目標には見当たらない。この目標は，本来家庭保育が果たすべきものであるが，保育所は保護者の委託を受けて，この目標達成に関わる保育を行う。

　（イ）から（カ）の5つは，教育に関する目標であり，保育指針では「保育の内容」に「健康」，「人間関係」，「環境」，「言葉」，「表現」の5領域に分けて具体的に記載されている。養護に関する目標（ア）は，文末が「…図ること」となっており，保育者が意図的に率先して子どもに直接的に関わる意味合いが読み取れる。一方，（イ）「健康」，（ウ）「人間関係」，（エ）「環境」，及び（カ）「表現」における目標の文末は「…培うこと」または「養うこと」となっていることから，教育に関する目標であることがわかる。

　保護者に対する援助についての目標は次のように記載されている。

> **保護者に対する援助**
> 　イ　保育所は，入所する子どもの保護者に対し，その意向を受け止め，子どもと保護者の安定した関係に配慮し，保育所の特性や保育士等の専門性を生かして，その援助に当たらなければならない[6]。

　保育所は，子どもに対する保育・教育だけでなく，子どもの保護者に対しての支援が求められている。保育や教育は，子どもと保護者との適切な関係の上で成り立つものであり，保護者に対する援助は保育所にとって不可欠な機能である。援助の際は，保育士等の専門性を生かした援助が必要となることから，保育の知識及び技術だけでなく，保護者への援助のための知識及び技術が必要となる。

6）厚生労働省『保育所保育指針』〔第1章　総則1（2）イ〕2017.

（2）幼稚園における保育の目標

　学校教育法第23条に幼稚園における5つの保育の目標が示されている。

> **幼稚園の目標**
> 　一　健康，安全で幸福な生活のために必要な基礎的習慣を養い，身体的諸機能の調和的発達を図ること。
> 　二　集団生活を通じて，喜んでこれに参加する態度を養うとともに家族や身近な人への信頼感を深め，自主，自律及び協同の精神並びに規範意識の芽生えを養うこと。
> 　三　身近な社会生活，生命及び自然に対する興味を養い，それらに対する正しい理解と態度及び思考力の芽生えを養うこと。
> 　四　日常の会話や，絵本，童話等に親しむことを通じて，言葉の使い方を正しく導くとともに，相手の話を理解しようとする態度を養うこと。
> 　五　音楽，身体による表現，造形等に親しむことを通じて，豊かな感性と表現力の芽生えを養うこと。

　これらの5つの目標は，前述の保育指針の（イ）から（カ）に相当するものであり，すべて教育に関する目標である。一から順番に「健康」，「人間関係」，「環境」，「言葉」，「表現」の保育内容の5領域に対応している。

（3）認定こども園における保育の目標

　認定こども園は，「（前略）子どもに対する学校としての教育及び児童福祉施設としての保育並びにその実施する保護者に対する子育て支援事業の相互の有機的な連携を図りつつ，次に揚げる目標を達成するように当該教育及び当該保育を行うものとする」（認定こども園法第9条）施設であり，6つの目標が示さ

れている。その中の，一から五までの目標は幼稚園の目標と全く同一である。六として，次の目標が示されている。この目標に認定こども園の特徴がある。

> **認定こども園の目標**
> 六　快適な生活環境の実現及び子どもと保育教諭その他の職員との信頼関係の構築を通じて，心身の健康の確保及び増進を図ること。

この目標は，保育所の目標の（ア）に示される養護の目標に対応するが，「生命の保持」及び「情緒の安定」ではなく，「心身の健康の確保及び増進」という表現になっている。

3　これからの保育の課題

2014（平成26）年11月に文部科学大臣は，これからの教育のあり方について中央教育審議会に諮問を行った。それから約2年間の審議を経て，2016（平成28）年12月に，答申[7]が行われた。この答申に基づいて，2017（平成29）年3月に，幼稚園教育要領（以下，教育要領），小学校学習指導要領及び中学校学習指導要領が告示され，変化が急速で予測が困難な未来社会に求められる資質・能力を子どもたちに育む「社会に開かれた教育課程」の実現を目指し，教育要領は2018（平成30）年4月から施行された。

教育要領の改訂に合わせて，保育指針及び幼保連携型認定こども園教育・保育要領（以下，教育・保育要領）も改定（訂）されている。

7）中央教育審議会『幼稚園，小学校，中学校，高等学校及び特別支援学校の学習指導要領等の改善及び必要な方策等について（答申）』2016.

（1）幼稚園教育要領と学習指導要領の改訂

2017（平成29）年3月に告示された教育要領及び学習指導要領は，ほぼ10年毎に改訂されているが，今回の改訂は，予測困難な未来社会に対応するための教育改革であり，グローバル化が進む国際社会の中で我が国の生き残りをかけた国家戦略をふまえた改訂であるといえる。それは国内外の諸問題，例えば，学力の国際標準化，減少する労働者人口の確保，少子高齢社会等への対策でもある。保育所・幼稚園・認定こども園等の全ての就学前教育から小・中・高，その他の学校教育を含めた保育及び教育の改革がはじまろうとしている。

（2）幼児教育を行う施設として共有すべき事項

教育要領，保育指針，教育・保育要領において，小学校入学までの幼児教育を行う施設，つまり幼稚園，保育所，認定こども園等で共有すべき事項が提示された。その一つは，「育みたい資質・能力」の3項目であり，もう一つは，

「幼児期の終わりまでに育ってほしい姿」の10項目である。

1）育みたい資質・能力

「育みたい資質・能力」の3項目は，生きる力の基礎を育むために，幼児教育から高校教育まで連続的一体的に育むよう努めるものであり，内容は次の通りである。

> **幼児教育において育みたい資質・能力**
>
> 1．豊かな体験を通じて，感じたり，気付いたり，分かったり，できるようになったりする「知識及び技能の基礎」。
> 2．気付いたことや，できるようになったことなどを使い，考えたり，試したり，工夫したり，表現したりする「思考力，判断力，表現力等の基礎」。
> 3．心情，意欲，態度が育つ中で，よりよい生活を営もうとする「学びに向かう力，人間性等[8]」。

「知識及び技能の基礎」及び「思考力，判断力，表現力等の基礎」は，これまでの幼児教育でも意識して育ててきたことである。にもかかわらず，教育要領等ではねらいや内容として示されることのなかった項目である。目標として明示されるのは1899（明治32）年に我が国初の幼稚園に関する国家基準である「幼稚園保育及設備規定」が制定されて以降初めてのこととなる。厳しさが予測される未来社会の到来を前にして現実的な目標が設定されたといえる。「知識及び技能の基礎」及び「思考力，判断力，表現力等の基礎」を育てるといっても，小・中・高校のような系統的な各教科を通した方法ではなく，あくまで環境を構成して幼児の主体的な活動を促し，遊びを通して総合的に育てることはこれまでと変わりがない。

「学びに向かう力，人間性等」は，これまで幼児教育の中心目標であった心情，意欲，態度であり，興味・関心，意欲，根気，集中力，協同性，自主性等の「学びに向かう力」と，やさしさ，思いやり，規範意識等の「人間性等」を育むことである。

8）文部科学省『幼稚園教育要領』（第1章 総則 第2 1）2017.

2）幼児期の終わりまでに育ってほしい姿

2017（平成29）年告示の教育要領，保育指針，教育・保育要領では，幼児期に育む資質・能力と小学校教育との接続を図るために，「幼児期の終わりまでに育ってほしい姿」として10項目が示された。これとは別に，この3つのガイドラインでは5領域に分けたねらいと内容が示されている。5領域のねらいが達成されることによって「育ってほしい姿」の10項目それぞれが育つことになる。5領域と「育ってほしい姿」の10項目の内容との関係は次の（1）〜（10）

の通りである[9]。

> **領域「健康」に該当する項目**
>
> （1）健康な心と体
> 　幼稚園[*10]生活の中で，充実感をもって自分のやりたいことに向かって心と体を十分に働かせ，見通しをもって行動し，自ら健康で安全な生活をつくり出すようになる[9]。

> **領域「人間関係」に該当する項目**
>
> （2）自立心
> 　身近な環境に主体的に関わり様々な活動を楽しむ中で，しなければならないことを自覚し，自分の力で行うために考えたり，工夫したりしながら，諦めずにやり遂げることで達成感を味わい，自信をもって行動するようになる。
> （3）協同性
> 　友達と関わる中で，互いの思いや考えなどを共有し，共通の目的の実現に向けて，考えたり，工夫したり，協力したりし，充実感をもってやり遂げるようになる。
> （4）道徳性・規範意識の芽生え
> 　友達と様々な体験を重ねる中で，してよいことや悪いことが分かり，自分の行動を振り返ったり，友達の気持ちに共感したりし，相手の立場に立って行動するようになる。また，きまりを守る必要性が分かり，自分の気持ちを調整し，友達と折り合いを付けながら，きまりをつくったり，守ったりするようになる。
> （5）社会生活との関わり
> 　家族を大切にしようとする気持ちをもつとともに，地域の身近な人と触れ合う中で，人との様々な関わり方に気付き，相手の気持ちを考えて関わり，自分が役に立つ喜びを感じ，地域に親しみをもつようになる。また，幼稚園[*10]内外の様々な環境に関わる中で，遊びや生活に必要な情報を取り入れ，情報に基づき判断したり，情報を伝え合ったり，活用したりするなど，情報を役立てながら活動するようになるとともに，公共の施設を大切に利用するなどして，社会とのつながりなどを意識するようになる。

> **領域「環境」に該当する項目**
>
> （6）思考力の芽生え
> 　身近な事象に積極的に関わる中で，物の性質や仕組みなどを感じ取ったり，気付いたりし，考えたり，予想したり，工夫したりするなど，多様な関わりを楽しむようになる。また，友達の様々な考えに触れる中で，自分と異なる考えがあることに気付き，自ら判断したり，考え直したりするなど，新しい考えを生み出す喜びを味わいながら，自分の考えをよりよいものにするようになる。

（7）自然との関わり・生命尊重

　自然に触れて感動する体験を通して，自然の変化などを感じ取り，好奇心や探究心をもって考え言葉などで表現しながら，身近な事象への関心が高まるとともに，自然への愛情や畏敬の念をもつようになる。また，身近な動植物への接し方を考え，命あるものとしていたわり，大切にする気持ちをもって関わるようになる。

（8）数量や図形，標識や文字などへの関心・感覚

　遊びや生活の中で，数量や図形，標識や文字などに親しむ体験を重ねたり，標識や文字の役割に気付いたりし，自らの必要感に基づきこれらを活用し，興味や関心をもつようになる。

領域「言葉」に該当する項目

（9）言葉による伝え合い

　先生や友達と心を通わせる中で，絵本や物語などに親しみながら，豊かな言葉や表現を身に付け，経験したことや考えたことなどを言葉で伝えたり，相手の話を注意して聞いたりし，言葉による伝え合いを楽しむようになる。

領域「表現」に該当する項目

（10）豊かな感性と表現

　心を動かす出来事などに触れ感性を働かせる中で，様々な素材の特徴や表現の仕方などに気付き，感じたことや考えたことを自分で表現したり，友達同士で表現する過程を楽しんだりし，表現する喜びを味わい，意欲をもつようになる。

（3）家庭や地域の教育力

　子どもを取り巻く家庭や地域の環境が変化している。保護者の就労形態が農業や自営業等，地元に長く住んで地域と共に生活する時代から転勤のある企業に就職する時代へ変化する中で[*11]，子どもの親世代が祖父母世代と同居しない核家族世帯が増加している。夫婦の離婚等により母子家庭や父子家庭等のひとり親世帯も増加の傾向にある。一世帯の子どもの兄弟姉妹の数も減少している[*12]。結果として，子どもは多様な家族の成員と接触する機会が減り，保護者もまた地域との地縁が薄れ，子育てに対するストレスが大きくなり，子育てに悪影響を及ぼしている。また，保護者同士の交流も少なくなり，孤独な状態での子育ては，子どもの成長に対する根拠の不確かな不安を招き，保護者への保育相談や子育て支援の必要性が増している[10)]。

　地域社会の教育力も低下している。子ども集団が大人の目から離れたところで，性差や年齢差を超えて群れて遊ぶことは，人間関係や社会適応能力，主体

9）文部科学省『幼稚園教育要領』（第1章 総則 第2 3）2017.

*10 ここでは，「幼稚園」と表記しているが，保育指針では保育所であり，教育・保育要領では幼保連携型認定こども園のことを指す。

第2章 保育の意義・役割とこれからの課題

*11 転勤を必要とする人事異動がある企業は，1990〜2004年で9.1%増加している。
労働政策研究・研修機構『企業における転勤の実態に関するヒアリング調査』2016，序-1図．

*12 子どものいる世帯のうち，子ども1人（46.6％），子ども2人（40.3％），子ども3人以上（13.1％）で，過去30年から子ども1人が増加傾向にあり，子ども2人及び子ども3人以上は減少傾向である（2016年）。
厚生労働省『平成28年 国民生活基礎調査』2017，表5．

10）厚生労働省『地域子育て支援拠点事業 実施のご案内（実施ガイド）』2018，はじめに．

*13 子どもの出生数は大都市が多く，年次減少率も低い。
厚生労働統計協会『平成28年 人口動態統計 上巻』2018，表4．

性等を学ぶ大切な学習の機会であった。しかし，地域での遊びに，異年齢の友だち等の人，場所，遊具等の物がそろっておらず，遊びが成立しなくなって久しい。都市部では，隣近所や地域の人がお互いに関心をもたないことが多い。かつては地域の大人が子どもの様子に目を配り，いけないことをしたら叱る姿が見られたが，最近はそのような姿を見かけることはほとんどない。不審者等の出現により地域での外遊びに危険を伴うこともある。このような状況下で，地域の教育力が低下している。

（4）保育者不足と保育者の質の低下

　働く母親の急増によって保育所への入所希望者が増加し，保育者不足が深刻になる中，保育者の質の低下が指摘されている。背景には少子化により保育者を目指す学生が減少傾向にあること，また日常の保育業務の忙しさから，保育の質を高める十分な研修機会や時間を確保することが難しい状況があると考えられる。

　保育の質は保育者の質によって決まるといっても過言ではない。保育職が不人気な理由の第一は年収の低さである。保育者の年収は一般の労働者の平均よりも100万円近く低いという。何よりも待遇の改善が急がれるところである。幼稚園では，勤務の終了時間が連日19〜20時を超え，大きな行事の前には22〜23時になることも珍しくないという。働き方改革が求められる。

（5）都市部の保育環境

　日本の子育て世代を含む若者世代は，大都市に住む傾向にある*13。日本全体の人口は減少しているが，特に地方から大都市圏への人口流出は著しい。その原因の一つには，若者の就労場所が都市に集中していることがあげられる。この若者世代が都市部に移り住むようになると，子育ても都市型になる。それは子どもにとって，地域や近隣の人間関係が薄い生活様式，自然が乏しい生活環境，遊びの機会と場の減少等の課題を発生させる。また，大都市部では就学前施設や保育者の不足等の問題も表面化している。

　このように，急激に子どもを取り巻く環境が変化している中で，就学前施設の充実等，早急に対応が必要な課題も多い。しかし，子どもは現代を生きていることから，その子どもたちには望ましい生活が保障されるように，大人及び社会は適切な対応しなければならないだろう。

●演習課題

課題1：保育に関する法律等をふまえて,その意義や役割について説明できるようになろう。
課題2：保育の目標を確認して,その目標を達成するための方法を考察してみよう。
課題3：就学前施設の保育の課題とその解決のための方策について話し合ってみよう。

●参考文献

大豆田啓友・三田大紀編『最新保育資料集2018』ミネルヴァ書房,2018.
厚生労働省『保育所保育指針解説』2018.
三宅茂夫編『新・保育原理〔第4版〕―すばらしき保育の世界へ』みらい,2018.
文部科学省『幼稚園教育要領解説』2018.

コラム　　いま，保育を見直そう

　これまで，乳幼児期の保育・幼児教育に対する社会的な評価はあまり高いものではありませんでした。保育・幼児教育に精通していない大人は，「保育者は，ピアノが弾けて，ニコニコ笑いながら子どもと遊んでいれば，それでよい」「保育者は子どもとただ遊んでいるだけで給料がもらえる」「保育所や幼稚園は，子どもが怪我しないように預かるところ」等と誤解していたりします。小学校の教師でも，幼児教育の特徴である「領域による教育」を全く理解しないままに，幼児教育も教科別に授業によって行うと考えている教師が少なくありません。ここにきて，待機児童や保育者不足が社会問題化したことによって，保育・幼児教育を取り巻く問題が注目されるようになりました。その影響もあり，乳幼児期の保育・幼児教育の必要性や専門性に対する世論が高まりを見せているように思われます。乳幼児期の保育・幼児教育が人間としての基礎を培っているということが理解されていれば，重要視されて当然なのです。

　保育・幼児教育の専門家である私は，基本的には義務教育以降のこれからの教育は大きく変化しないと考えてきました。その前提のもとに，「乳幼児のための保育・幼児教育をどのように実践し，どのようによりよいものにするか」を追求していました。しかし，2017（平成29）年の教育要領，保育指針，教育・保育要領と小学校以降の学習指導要領の改訂（定）で，「知識及び技能（の基礎）」「思考力，判断力，表現力等（の基礎）」，「学びに向かう力・人間性等」が，幼児教育から高等教育まで一貫して育成される資質・能力として明確化されました。このような一貫性のある教育観に基づいて，乳幼児の保育・幼児教育で培ったものを基礎として小学校以降の教育が展開されるようになるとしたら非常に好ましいことです。これまで保育・幼児教育で大切にされてきた「子どもの心情・意欲・態度」や「人間性」の育ちがそれ以降の教育に引き継がれ，より確かな育ちとなることが期待されます。

　2017（平成29）年の教育改革で，教育要領，保育指針，教育・保育要領と小学校以降の学習指導要領を接続し，一貫性のある教育が行われようとしています。「幼児期の終わりまでに育ってほしい姿」も明確化されました。ここで問われるのが保育・幼児教育現場での実践です。保育・幼児教育には多様な理論があり，様々な理論に基づいて多様な保育・幼児教育が行われている現状があります。そしてその多くは教育要領，保育指針，教育・保育要領が求めるねらいや内容とはかなりの隔たりがあることが多いのです。未来を生きる子どもたちのために大きな改革が行われた今が，本当に必要な保育・幼児教育とはどのようなものかを問い直す絶好の機会と考えています。

第3章　保育の場

　日本の主な保育の場には保育所，幼稚園，認定こども園及び家庭がある。本章ではそれぞれの特色と役割，園数，園児数の推移について概説する。さらに，保育者不足，待機児童，保育の質の低下等，保育を取り巻く諸問題とこれからの課題について考察していく。

1　保育所，幼稚園，認定こども園

　幼児期の教育は，生涯にわたる人格形成の基礎を培う重要なものである（教育基本法第11条）。現在日本には，就学前の乳幼児が保育・教育を受けられる施設として，保育所，幼稚園，認定こども園がある。保育者（保育士・幼稚園教諭・保育教諭をいう）を目指している学生の多くは，幼い時そのいずれかを経験していることだろう。「子ども・子育て支援新制度」が，2015（平成27）年に施行され，「保育所保育指針（以下，保育指針）」，「幼稚園教育要領（以下，教育要領）」，「幼保連携型認定こども園教育・保育要領（以下，教育・保育要領）」は，2017（平成29）年に告示・改定（訂），2018（平成30）年に施行された。これらを踏まえ，保育所，幼稚園，認定こども園について，共通点と違いについて理解する。

（1）保育所，幼稚園，認定こども園の共通点

　我が国における主要な就学前施設である保育所，幼稚園，認定こども園には次のような保育・教育を行う上での共通点がある[1]。
　① 保育・教育は環境を通して，乳幼児の主体的な活動を促す方法で行う。
　② 「知識及び技能の基礎」，「思考力，判断力，表現力等の基礎」，「学びに向かう力，人間性等」という3つの柱からなる資質・能力を育てる。
　③ 「健康な心と体」，「自立心」，「協同性」等の10項目に渡る「幼児期の終

1）文部科学省『幼稚園教育要領』（第1章 総則）2017.
　厚生労働省『保育所保育指針』（第1章 総則）2017.
　内閣府他『幼保連携型認定こども園教育・保育要領』（第1章 総則）2017.

第3章　保育の場

わりまでに育ってほしい姿」を育て，小学校に接続する。

④　ねらいと内容を「健康」，「人間関係」，「環境」，「言葉」，「表現」の5領域に分けて示す。ねらいと内容を達成することに前記の3つの柱と10の姿を育てる。

⑤　子育て支援活動を実施する[2]。

2）厚生労働省『保育所保育指針』（第4章）2017.
内閣府他『幼保連携型認定こども園教育・保育要領』（第4章）2017.
幼稚園についても，園解放，教育相談，育児情報の提供等，地域における幼児期の教育センターとしての役割を求めている。

（2）保育所，幼稚園，認定こども園の違い

保育所，幼稚園，認定こども園は，共通する機能とともにそれぞれ異なる機能をもっている。そのため，それぞれを管轄する省，関係法令，設備・運営の基準などの違いがある（表3-1）。

1）保　育　所

保育所は，厚生労働省が管轄している児童福祉施設であり，児童福祉法第7

表3-1　保育所・幼稚園・認定こども園の比較表

施設名	保育所	幼稚園	認定こども園
根拠法令	児童福祉法	学校教育法・教育基本法	認定こども園法・児童福祉法・学校教育法・教育基本法
管轄	厚生労働省	文部科学省	内閣府・厚生労働省・文部科学省
保育に関する国の規定	保育所保育指針	幼稚園教育要領	幼保連携型認定こども園教育・保育要領
設置・設備・運営の基準	児童福祉施設の設備及び運営に関する基準	幼稚園設置基準	幼保連携型認定こども園の学級編成，職員，設備及び運営に関する基準
対象児	0歳児から5歳児	3歳から5歳児	0歳児から5歳児
配置基準〔（乳）幼児数対保育者数〕	0歳児　　：3対1 1・2歳児：6対1 3歳児　　：20対1 4・5歳児：30対1	35対1	長時間利用児：保育所と同じ 短時間利用児：幼稚園と同じ
職員資格	保育士	幼稚園教諭	保育教諭（保育士資格と幼稚園教諭免許が共に必要）
保育時間・教育時間	開所日数：日曜日・国民の祝休日を除いた日が原則 開所時間：原則11時間 保育時間：原則8時間	教育週数：39週数を下らない 教育時間：4時間を標準とする	開園日数及び開園時間：就労状況等地域の実情に応じて定める 開園時間：保育所と同様，11時間とすることを原則 教育時間：4時間を標準 保育を必要とする子どもに該当する園児に対する教育及び保育の時間：8時間を原則

条に基づいて設置されており,「保育を必要とする乳児・幼児を日々保護者の下から通わせて保育を行うことを目的とする施設」(児童福祉法第39条)である。

児童福祉法第24条では,「保護者の労働又は疾病その他の事由により,その監護すべき乳児,幼児その他の児童について保育を必要とする場合において,次項に定めるところによるほか,当該児童を保育所において保育しなければならない」とされており,保育を必要とする状態にある子どもが入所の対象となる。保育を必要とする基準には次のようなものがある[3]。

① 就労(フルタイムのほか,パートタイム,夜間,居宅内の労働など)。
② 妊娠,出産。
③ 保護者の疾病,障害。
④ 同居又は長期入院等している親族の介護・看護。
⑤ 災害復旧。
⑥ 求職活動(起業準備を含む)。
⑦ 就学(職業訓練校等における職業訓練を含む)。
⑧ 虐待やDVのおそれがあること。
⑨ 育児休業取得中に,既に保育を利用している子どもがいて継続利用が必要であること。
⑩ その他,上記に類する状態として市町村が認める場合。

保育所は,保育指針を踏まえた保育・教育を行う施設である。保育指針には,「保育を必要とする子どもの保育を行い,その健全な心身の発達を図ることを目的とする児童福祉施設であり,入所する子どもの最善の利益を考慮し,その福祉を積極的に増進することに最もふさわしい生活の場でなければならない」と述べられている[4]。保育所の設置については,「児童福祉施設の設備及び運営に関する基準」に定められている。

保育士は,児童福祉法第18条の4に「保育士とは,第十八条の十八第一項の登録を受け,保育士の名称を用いて,専門的知識及び技術をもって,児童の保育及び児童の保護者に対する保育に関する指導を行うことを業とする者」と規定されている。また,保育士の職務について保育指針に以下のように記されている。「保育所の役割及び機能が適切に発揮されるように,倫理観に裏付けられた専門的知識,技術及び判断をもって,子どもを保育するとともに,子どもの保護者に対する保育に関する指導を行うものであり,その職責を遂行するための専門性の向上に絶えず努めなければならない[5]」。

3) 内閣府『よくわかる「子ども・子育て支援新制度」』

4) 厚生労働省『保育所保育指針』〔第1章総則1(1)ア〕,2017.

5) 厚生労働省『保育所保育指針』〔第1章総則1(1)エ〕,2017.

2) 幼 稚 園

幼稚園は,文部科学省が管轄している学校であり,学校教育法第1条に規定

第3章　保育の場

写真3-1　バギーで競争

されている。また学校教育法第22条において幼稚園の目的が示されている（p.20参照）。幼稚園の設置については、「幼稚園設置基準」に定められている。

幼稚園は、教育要領を踏まえた教育を行う学校である。教育要領には、「幼児期の教育は、生涯にわたる人格形成の基礎を培う重要なものであり、幼稚園教育は、学校教育法に規定する目的及び目標を達成するため、幼児期の特性を踏まえ、環境を通して行うものであることを基本とする[6]」と述べられている。

学校教育法（第27条第9項）において幼稚園教諭は、「教諭は、幼児の保育をつかさどる」と記されている。教育要領では幼稚園教諭に対して、「幼児との信頼関係を十分に築き、幼児が身近な環境に主体的に関わり、環境との関わり方や意味に気付き、これらを取り込もうとして、試行錯誤したり、考えたりするようになる幼児期の教育における見方・考え方を生かし、幼児と共によりよい教育環境を創造するように努める[7]」ことを求めている。

3）認定こども園

認定こども園は、2006（平成18）年に公布された「就学前の子どもに関する教育、保育等の総合的な提供の推進に関する法律（認定こども園法）」、に基づいて設置された幼保一体型の施設である。2015（平成27）年に制度の改正が行われ、内閣府、厚生労働省、文部科学省が管轄するようになった。同法第1条において、「幼児期の教育及び保育が生涯にわたる人格形成の基礎を培う重要なものであること並びに、（中略）地域における創意工夫を生かしつつ、小学校就学前の子どもに対する教育及び保育並びに保護者に対する子育て支援の総合的な提供を推進するための措置を講じ、もって地域において子どもが健やかに育成される環境の整備に資することを目的とする」と規定されている。同法第2条第7項では、「義務教育及びその後の教育の基礎を培うものとしての満三歳以上の子どもに対する教育並びに保育を必要とする子どもに対する保育を一体的に行い、これらの子どもの健やかな成長が図られるよう適当な環境を与えて、その心身の発達を助長するとともに、保護者に対する子育ての支援を行うことを目的として、この法律の定めるところにより設置される施設をいう」

6）文部科学省『幼稚園教育要領』（第1章総則第1）、2017.

7）文部科学省『幼稚園教育要領』（第1章総則第1）、2017.

と述べられており，幼稚園と保育所が一体になった施設であることがわかる。保育を必要とする子どもの入所基準は保育所に準ずる。

認定こども園の保育者は保育教諭と呼ばれる。保育教諭は幼稚園教諭普通免許状を有し，かつ，児童福祉法第十八条の十八第一項の登録を受けた者でなければならない。すなわち，幼稚園教諭免許と保育士資格の両方を保持することが求められる。

2 家庭と地域の機能と役割

多くの子どもにとって最初の保育を受ける場は家庭である。家庭は，育児，子育てに関する第一義的な責任を負う。現在，家族形態の変化がもたらす核家族化の問題，少子高齢化の問題，虐待の問題，待機児童の問題等，出産，育児，子育てに関する問題は枚挙にいとまがない。育児，子育て，保育と教育に対する責任の所在を明らかにするとともに，家庭の機能と役割についてみていきたい。

(1) 教育基本法に定める家庭の責任

子どもに対する教育の責任はだれがもつのだろうか。このことについては，教育基本法第10条に次のように規定されている。「父母その他の保護者は，子の教育について第一義的責任を有するものであって，生活のために必要な習慣を身に付けさせるとともに，自立心を育成し，心身の調和のとれた発達を図るよう努めるものとする」。このことから，子どもの教育に対する第一義的な責任が家庭にあることがわかる。また，同10条第2項において，「国及び地方公共団体は，家庭教育の自主性を尊重しつつ，保護者に対する学習の機会及び情報の提供その他の家庭教育を支援するために必要な施策を講ずるよう努めなければならない」と定められている。つまり，育児，子育ても広い意味の教育であり，保護者が第一義的責任を負うとともに，国や地方自治体においても，それらを支援する役割が求められている。

教育基本法の規定から，家庭は，初めて生活をする社会の場として子どもに基本的な生活習慣を身に付けさせる場であり，また子どもの自立心を育みながら心とからだのバランスの取れた発達，成長を促す下地をつくる場であることがわかる。

(2) 家庭の役割

家庭は，社会の最小単位としての役割を有している。2018（平成30）年度の

「国民生活に関する世論調査[8]」を参考にしながら家庭の役割についてみてみよう。

調査の結果をみると，家庭の役割として，「家族の団らんの場」をあげた人が，64.9％で最も多く，次いで「休息・やすらぎの場」が64.4％となっており，家族と過ごす場として，落ち着く場としての役割を有していると考えている割合が高いことがわかる。また，「家族の絆（きずな）を強める場」をあげた人が54.3％，「親子が共に成長する場」をあげた人が39.3％であり，家族という社会の中でのつながりや，共に成長していこうという思いが表れている。

その反面，「子どもを生み，育てる場」は28.4％，「子どもをしつける場」は，16.4％であり，家庭の役割としての「出産，育児，子育て」と捉えている割合は，上記の「家族の団らんの場」，「休息・安らぎの場」等と比べて低くなっている。つまり，家庭の役割に子どもを生み，育てていく場と捉えている割合が一定数存在するとともに，その責任を果たしている，また果たすことが役割であると考えている家庭がある反面，子どもを生むこと，育てることを役割として意識しない家庭もあることがわかる。

（3）地域の教育的機能

日本の歴史を振り返ると，農村（ムラ）社会では，地域で育児と子育てを行っていた文化があった。そこでは，自分の子どもだけでなく，近所の子どもを叱る場面があり，ムラ全体で育児や子育て，しつけを行っており，地域が教育的な機能をもっていた。さらに，子どもの遊びは，基本的には近所の幼児，小学生，中学生を含む異年齢集団で行われ，子どもたちはその中で人間関係の育み方等，多くのことを学んでいた。

都市化が進むにつれて，ムラ社会から都市部への人口流出が進み，核家族化が進行し，地元では過疎化の問題が深刻になってくる。地域の活性化という視点から，地域での教育を見直そうとする取り組みが盛んになっている。2017（平成29）年に告示された小学校学習指導要領では，「社会に開かれた学校」という名のもとに，幼稚園や保育所をはじめとする教育機関が地域と連携して教育機能を高めるとともに，地域を活性化させることを求めている[9]。文部科学省が取り組んでいる補助事業においては地域学校協働活動が進められており[10]，地域の高齢者，学生，保護者，PTA，NPO，民間企業，団体機関等の幅広い地域住民等の参画を得て，地域全体で子どもたちの学びや成長を支えるとともに，「学校を核とした地域づくり」を目指し，地域と学校が相互にパートナーとして連携・協働して行う様々な活動を推進している。地域に教育の場としての機能を取り戻そうとする取り組みである。

8）内閣府『国民生活に関する世論調査』，2018.

9）文部科学省『小学校学習指導要領』（第1章総則第1）2017.

10）文部科学省『地域学校協働活動の推進に向けたガイドラインの策定について』2017.

3 保育所，幼稚園，認定こども園の役割

　家庭教育を支援する保育所，幼稚園，認定こども園には，どのような役割が求められるのだろうか。それぞれの役割をみていこう。

(1) 保育所の役割

　2018（平成30）年に公表された保育所保育指針解説では，「保育所の役割の明確化」が示された。その中で，保育所は養護と教育を一体的に行うことを特性とし，環境を通して子どもの保育を総合的に実施する役割を担うとともに，保護者に対する支援（入所する児童の保護者に対する支援及び地域の子育て家庭に対する支援）を行うことを明記し，保育所の社会的責任（子どもの人権の尊重，説明責任の発揮，個人情報保護）について規定している。そこでは，子どもの健やかな成長のためには家庭や地域社会との連携，協力が欠かせないということ，子どもの人権擁護，虐待防止の観点からも保育所の果たす役割が大きいこと，子どもの自発的，主体的な活動を重視するとともに，子どもの生活の連続性，発達の連続性，遊びや学びの連続性と関連性を大切にすることが求められている[11]。育児や子育ての難しさを理解し，第一義的責任を担う保護者のニーズに応えながら保育を行い，保育に関する社会的な諸課題を解決するのが保育所の役割である。

11) 厚生労働省『保育所保育指針解説』〔第1章（5）〕2018を参照.

(2) 幼稚園の役割

　2018（平成30）年に公表された幼稚園教育要領解説の序章「3 幼稚園の役割」に「幼稚園と家庭とでは，環境や人間関係の有り様に応じてそれぞれの果たすべき役割は異なる。家庭は，愛情としつけを通して幼児の成長の最も基礎となる心の基盤を形成する場である。幼稚園は，これらを基盤にしながら家庭では体験できない社会・文化・自然などに触れ，教師に支えられながら，幼児期なりの世界の豊かさに出会う場である。さらに，地域は様々な人々との交流の機会を通して豊かな体験が得られる場である[12]」と記されている。このことから，幼稚園は家庭教育を基盤にして，家庭教育では実践できない豊かな体験を与えるという役割をもっていることがわかる。

12) 文部科学省『幼稚園教育要領解説』（序章）2018.

(3) 認定こども園の役割

　2018（平成30）年に公表された幼保連携型認定こども園教育・保育要領解説の序章「3　幼保連携型認定こども園の役割」に，「乳幼児期の教育及び保育

第3章　保育の場

は，生涯にわたる人格形成の基礎を培う重要な役割を担っているものであることを踏まえ，子ども・子育て支援に係る制度において，発達に応じた保護者の適切な関わりや，質の高い教育及び保育並びに子育ての支援の安定的な提供を通じ，その間の子どもの健やかな発達を保障することを目指して行われるものである[13]」と明記されている。また，幼保連携型認定こども園は，「家庭と協力して教育及び保育を進めることにより，保護者が家庭とは異なる視点から園児への関わりを幼保連携型認定こども園において見ることができ，視野を広げるようになるなど保護者の変容も期待でき」，さらに「地域の人々が園児の成長に関心を抱くことは，家庭と幼保連携型認定こども園以外の場が園児の成長に関与することとなり，園児の発達を促す機会を増やすことになる[13]」と記されている。このことから，認定こども園は，保育所の役割と幼稚園の役割を両方兼ね備え，保護者や地域との繋がりを意図しながら，保護者の支援と教育の役割も果たす場であることが分かる。

13）内閣府他『幼保連携型認定こども園教育・保育要領解説』（序章）2018.

（4）共通の役割

教育要領，保育指針，教育・保育要領では，幼児教育を行う施設として共有すべき事項として，「知識及び技能の基礎」「思考力，判断力，表現力等の基礎」「学びに向かう力，人間性等」とともに10項目に及ぶ「幼児期の終わりまでに育ってほしい姿」を具体的に示し，乳幼児期にふさわしい生活を通してしっかりと育てることが求められている。小学校教育との接続を図るとともに，その後の学校教育全体の生活や学習の基盤を培う役割は3つの施設に共通する役割である。

4　保育の現状と課題

少子高齢化の進展や保護者の就労等に伴い，保育所，幼稚園を取り巻く環境が変化し，認定こども園が制度化される中，園数，園児数が変化するとともに，問題点や課題が生じてきている。園数，園児数の推移とともに，保育者不足，待機児童問題，保育の質の低下などの課題について見ていこう。

（1）園数と園児数の推移

表3-2・3・4は，保育所，幼稚園，認定こども園それぞれの園数を，図3-1・2・3は，園児数の推移を示したものである。

保育所は1947（昭和22）年に制定された児童福祉法の下で制度化されたが，その当時は施設数約1,500園，入所児童数158,904人であった。その後1989（平

成元）年前後にはいったん減少するが，保護者の就労促進政策によって再び増加の一途をたどり，2014（平成26）年には施設数24,425施設，園児数226,6813人に達する。ここ数年は認定こども園の増加に伴い，その数が減少傾向にある。

　幼稚園数は，1950（昭和25）年には幼稚園数約2,100園，園児数224,653人であったが，戦後の経済成長や第二次ベビーブームの影響もあって，1985（昭和60）年には全国で15,220園，園児数2,486,506人に達した。当時はほとんどの幼稚園が4歳児，5歳児を対象とする2年保育であったが，園児数は保育所の約1.5倍であった。その後，出生数の減少とともに，地方人口の減少，保育所や認定こども園入所児の増加，幼稚園の認定こども園への移行によって次第に減少し，ほとんどの園が保育年数を3年に延長したにもかかわらず，園児数は最盛期の3分の2近くまで減少している。特に，公立幼稚園は1985（昭和60）年6,269園から2018（平成30）年は3,737園となり減少数が著しい。

表3-2　保育所数の推移

年	2005（平成17）年	2006（平成18）年	2007（平成19）年	2008（平成20）年	2009（平成21）年	2010（平成22）年	2011（平成23）年
数	22,570	22,699	22,848	22,909	22,925	23,069	23,385
年	2012（平成24）年	2013（平成25）年	2014（平成26）年	2015（平成27）年	2016（平成28）年	2017（平成29）年	
数	23,711	24,038	24,425	23,533	23,447	23,410	

出典）厚生労働省統計情報部『社会福祉施設等調査報告』2017.

表3-3　幼稚園数の推移

年	2005（平成17）年	2006（平成18）年	2007（平成19）年	2008（平成20）年	2009（平成21）年	2010（平成22）年	2011（平成23）年
数	13,949	13,835	13,723	13,626	13,516	13,392	13,299
年	2012（平成24）年	2013（平成25）年	2014（平成26）年	2015（平成27）年	2016（平成28）年	2017（平成29）年	
数	13,171	13,043	12,905	11,674	11,252	10,878	

出典）文部科学省『学校基本調査』2017.

表3-4　認定こども園数の推移

年	2011（平成23）年	2012（平成24）年	2013（平成25）年	2014（平成26）年	2015（平成27）年	2016（平成28）年	2017（平成29）年	2018（平成30）年
数	406	486	595	720	1,930	2,785	3,618	4,409

出典）内閣府子ども子育て本部『認定こども園の数について』2018

第 3 章　保育の場

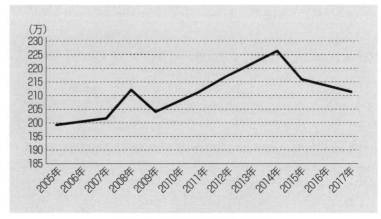

図 3-1　保育所園児数の推移
出典）厚生省統計情報部『社会福祉施設等調査報告』2017.

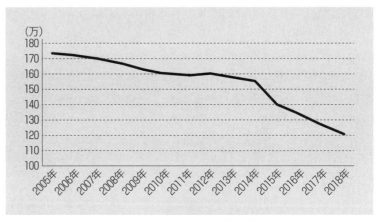

図 3-2　幼稚園園児数の推移
出典）文部科学省『学校基本調査』2018.

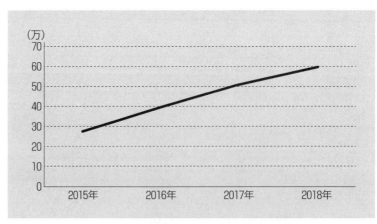

図 3-3　幼保連携型認定こども園園児数
出典）内閣府こども子育て本部『認定こども園の数について』2018.

写真3-2　花畑で相談

　認定こども園は，2006（平成18）年に制度化されたが，制度化の当初は園数，園児数とも伸び悩んでいた。しかしながら，2015（平成27）年の子ども・子育て支援新制度のもとで，認定こども園制度が改善されて以降園数，園児数ともに右肩上がりで増加している。

（2）保育の現代的課題

　現代における保育，幼児教育を取り巻く課題として，待機児童の解消，保育士不足の解消，保育の質の向上，保育の無償化がある。

1）待機児童の解消

　保育所の入所希望者の増加に伴い，入所条件を満たしながらも入所できない，いわゆる「待機児童」の問題が深刻になっている。

　厚生労働省は，「待機児童解消加速化プラン」を策定し[14]，待機児童解消に向けて，2013（平成25）～2017（平成29）年度までの5年間で約50万人分の保育の受け皿確保を目標に，自治体が行う保育所の整備等の取組みに対して支援をしており，結果として，約53.5万人の保育の受け皿を確保し，政府目標を達成している。

　しかしながら，2017（平成29）年度で見ると，待機児童数は全国で55,433人，このうち0歳児が28,805人，1～2歳児が23,480人，3歳以上児が3,148人で，特に0，1，2歳児が多いことがわかる[15]。配置基準として0歳児は園児3人に1人，1歳児は6人に1人，2歳児は10人に1人の保育士が必要であり，保育士不足も待機児童の解消を困難にしている。保育所定員を増やしてもそれを上回る勢いで入所希望者が増加するという現状がある。

2）保育士不足の解消

　保育士不足も深刻である。保育士の有効求人倍率をみると，2014（平成26）

14）厚生労働省雇用均等・児童家庭局保育課『子ども・子育て支援新制度及び待機児童解消加速化プランについて』2015.

15）厚生労働省『平成29年10月時点の保育園等の待機児童数の状況について』2017.

年以降全国平均では2倍以上に上る。2018（平成30）年10月のデータでは，有効求人倍率は2.76倍となっており，東京都では5.99倍と6倍近くになっている。

　保育士不足の原因としては，少子化に伴い保育者養成校の学生が減少していること，待遇面の問題，仕事が煩雑等の理由により資格を取得しても保育士以外の職を選んだり，いったん離職した保育士（潜在保育士）が職場に復帰しようとしないこと等がある。

　厚生労働省は，子ども・子育て支援新制度に伴い「保育士確保プラン[16]」を策定し，国全体で必要となる保育士数を示し，数値目標と期限を明示し，人材育成や再就職支援等を進めている。具体的には，2017（平成29）年度末までに必要となる「6.9万人」の保育士確保に向けた取り組みである。具体的には，「保育士に対する処遇改善の実施」「保育士養成施設で実施する学生に対する保育所への就職促進を支援」「保育士・保育所支援センターにおける離職保育士に対する再就職支援の強化」等があげられる。この施策を受けて，保育士の処遇もある程度改善されたが，保育士の年間賃金が一般の労働者に比べてかなり低い現状はそれほど改善されておらず，保育士不足の解消にはより抜本的な施策が求められる。

16）厚生労働省雇用均等・児童家庭局保育課『保育士確保プランの公表』2015.

3）保育の質の向上

　保育所，幼稚園，認定こども園は，保護者のニーズが多様化するとともに，養護と教育に加えて保護者支援を求められる等，保育現場での役割も多様化している。その一方で保育士等の職員不足や保育者の質の低下が指摘されている。そのため，保育所等における保育の質の確保・向上に関する検討会（厚生労働省）で解決に向けた検討が行われ，その中間的論点整理において，以下のことをまとめている[17]。基本的な視点として，保育の質の検討に当たっては，「子ども」を中心に考えることを最も基本とし，それを前提として，保育の現場において，職員全員の参画の下，子どもの思いや願いを受け止め，子ども一人一人の発達過程に応じて，保育実践の充実に向けた取組みが日常的に行われることが重要である。また，保育の質の向上には，保育をめぐる多様な関係者の参画や連携・協働，保育に関する理解の共有も必要である。具体的な実践事項としては，「職員間の対話を通じた理念共有」，「保育の振り返りを通じた質の向上」，「保育の環境や業務運営改善」，「保育士等の資質・専門性向上」等があげられる。

17）保育所等における保育の質の確保・向上に関する検討会『中間的な論点の整理』厚生労働省, 2018.

●演習課題

課題1：自分が子どもの頃,園に通っていた時の様子を思い出しながら保育者として働くことを想像し,保育所,幼稚園,認定こども園の特徴について話し合ってみよう。

課題2：現代における家庭の役割について,自分が理想と考える家庭像を想像しながら,育児をする保護者の気持ちについて考えてみよう。

課題3：現代における保育を取り巻く課題について,話し合い,対策を考えてみよう。

●参考文献

大豆生田啓友・三谷大紀編『最新保育資料集』ミネルヴァ書房,2018.
厚生労働省『保育所保育指針解説』2018.
内閣府・文部科学省・厚生労働省『幼保連携型認定こども園教育・保育要領解説』2018.
文部科学省『幼稚園教育要領解説』2018.

コラム　　理想の保育者とは？

　皆さん方が保育者の途を志した経緯や理由は様々でしょう。例えば，自分が通っていた園の先生に憧れたとか，子どもが好きだからだとか，様々な理由があがると思われます。

　では，大好きな子どもと日々の生活を過ごす保育者に求められている資質やスキルとは，具体的にどのようなものがあるでしょうか。子どもの立場に立って考えられる，子どもの気持ちに寄り添うことができる，遊びのレパートリーが豊富で，環境を整えることに自信がある等があがるのではないでしょうか。まずは思いつくまま，「私の考える理想的な保育者」を考え，みんなで話し合ってみましょう。

　次に，「こんな保育者にはなりたくない」と思う保育者像を考えてみましょう。どんな保育者にはなりたくないでしょうか。子どもに対する信頼や熱意が欠けていたり，保育のプロとしての責任感をもっていなかったり，ここでも色々出てきそうです。

　この２つの視点から深く「保育者像」を考えることで，「保育とはこれだ！」という自分の「保育観」や「保育者観」が見えてきます。その自分だけの「保育観」を核として，保育者としての道を歩んでいくのです。

　この先，もしかしたら，「自分の保育観はあっているのだろうか？」，「もっとよい保育ができるのではないだろうか？」と悩むかもしれません。悩みながら，自分と自分の保育観を大切にしながらも，より子どものためになると考える「新たな保育観」を創造していくことでしょう。これが保育という仕事の醍醐味だと感じるはずです。

　自分が理想とする保育者を目指し，理想とする保育を想像，創造していってほしいものです。

第4章 保育の多様性

　幼稚園教育要領，保育所保育指針，幼保連携型認定こども園教育・保育要領には保育の目標や内容，方法が書かれている。これらはいずれも国の定めた遵守規定であり，それぞれの園がこの規定に沿った保育を行っていれば保育の内容・質にそれほど大きな違いは出てこないはずである。しかしながら，実際には様々な保育が行われており，海外で開発，実践されている多様な保育が次々と紹介される現状もある。その中には，現在行っている保育を見直すための手がかりを与えくくれるものも少なくない。本章では，現在我が国で実践されている保育，諸外国で行われている保育の中から主要なものを紹介する。

1　幼稚園教育要領・保育所保育指針等が求める保育

　2017年（平成29年）に「幼稚園教育要領」（以下，教育要領）「保育所保育指針」（以下，保育指針）「幼保連携型認定こども園教育・保育要領」（以下，教育・保育要領）が同時に改訂（定）・告示され，2018（平成30）年4月から施行された。「知識及び技能の基礎」，「思考力，判断力，表現力等の基礎」，「学びに向かう力，人間性等」という3つの資質・能力を育てること，「幼児期の終わりまでに育ってほしい姿」（いわゆる「10の姿」）が示されたこと等，かなり大幅に改訂（定）されたものの，基本的な保育の方法については全く変わっていない。1989（平成元）年の幼稚園教育要領や1990（平成2）年保育所保育指針の改訂（定）以来，変わらずに大切にしている保育とはどのようなものなのだろうか。

（1）環境を通して行う保育（教育）

　「環境」と聞くと，どのようなイメージを思い浮かべるだろうか。「自然環境」や「環境問題」等をイメージする人，領域「環境」をイメージする人等，

第4章 保育の多様性

様々であろう。

　保育における「環境」は、とても幅広い意味で用いられる言葉である。子どもを取り巻く全ての「物」や「人」、それらが醸し出す雰囲気も含めて全て「環境」と捉えることができる。具体的に言えば、遊具や用具、保育者（保育士・幼稚園教諭・保育教諭をいう）や友だち、クラスや園全体の雰囲気、保育者の動きや態度、保育者間の協力体制など、園全体の環境全てが当てはまる。

　教育要領や保育指針等は「環境を通して行う保育（教育）」を実践するよう求めている。「環境を通して行う保育（教育）」とは、どのような保育を指しているのであろうか。3つの視点から「環境を通して行う保育（教育）」のポイントを押さえてみよう。

1）子どもの主体性を大切にした保育

　保育では乳幼児の「直接体験」を重視している。小学校以降の教育は教科書やテキストを使用して学習を進めることが多いが、乳幼児期の保育・教育には教科書が無い。乳幼児期は身近な環境に直接関わりながら、見たり、聞いたり、味わったりする等、五感を刺激し、遊びを通して学びを進めることが大切だと考えられているからである。乳幼児は体験を通して身近な「喜び」を感じ、「不思議」を発見し、「探究心」をもって十分に活動を行うことによって「満足感」や「充実感」を味わうのである。では、子どもに「満足感」や「充実感」を味わわせるためには、どのようなことが大切なのであろうか。

　みなさんは、親や先生から「勉強しなさい！」と言われてうんざりした経験は無いだろうか。しなければならないと分かっていることでも、他の人から強制されると一気にやる気がなくなってしまうということは誰しも経験したことがあるだろう。一方、自分が本当に好きなことや興味のあることを行っている時はいつの間にか没頭し、気付いた時にはかなりの時間が過ぎている。そして、「楽しかった」という思いと共に「もっとしたかった」「またしたい」という思いをもつ。子どもも、子ども自身の興味や関心がある活動、自分から「やってみたい」と思った活動には没頭し、遊び込むことができる。一方で、保育者から与えられた活動に対しては「満足感」や「充実感」を感じるまで遊び込むということは難しい場合が多い。つまり、子どもに「満足感」や「充実感」を味わわせるためには、子どもが「自ら選んで活動を行った」「自分がしたいと思ったことを十分に楽しむことができた」という思いが大切なのである。これが、教育要領や保育指針等に示されている「子どもの主体的な活動を大切にした保育」である。

2）遊びを通しての総合的な指導

　乳幼児期の生活のほとんどは遊びで構成されている。筆者は就学前施設（幼稚園，保育所，認定こども園をいう）を訪問する度，子どもが目を輝かせ，一生懸命に遊んでいる姿に思わず微笑んでしまう。もちろん，乳幼児期の遊びは遊ぶこと自体が目的であり，子どもは何らかの効果（たくさん走ったら足が速くなる，折り紙をしたら指先が器用に使えるようになる等）を期待して遊んでいる訳ではない。しかし，子どもは遊びを通して，様々なことを学んでいるのである。

　砂場で遊ぶ子どもの様子を想像してほしい。子どもたちは砂場で思い思いの遊びを楽しんでいる。砂の感触を手や足で触って楽しむ子どもの中には，陽の当たり方で砂の温度が異なることに気付く子ども，粒の大きさの違いや色の違いで触感が違うことに気付く子どもがいるだろう。大きな砂山を作ろうとしている子どもは，どのような道具を使えば大きな山が作れるか考えている。また，砂に水を少し加えると固形状になり，より崩れにくい山を作ることができると気付くこともあるだろう。砂山を作っている子どもを見て，「一緒に作ろう」という子どもがやって来た。友だちと一緒に大きな山を作るという共通の目的をもった子どもは，話し合いながら協力し，一緒に作る喜びを感じるだろう。もしかしたら，途中で道具の取り合いになり，葛藤する場面もあるかもしれない。その隣では，砂や落ち葉を食べ物に見立ててお店屋さんごっこを楽しむ子どもたちもいるかもしれない。

　このように，子どもたちは遊びを通して，様々なことを自然と学んでいるのである。身体的な発達はもちろん，言語を使った表現力，コミュニケーション力，相手の立場に立つ思考力，創造力や科学的思考等，諸能力を総合的に身に付けていく。これは砂場遊びに限ったことではなく，室内外のあらゆる遊びにおいても同様である。

　乳幼児期は資質・能力や人格形成の基礎を培う時期である。子どもたちは遊びを通して，人生において大切なことをたくさん学んでいる。

写真4-1　砂場遊びを楽しむ子どもたち

3）一人一人の発達の特性に応じた保育

　就学前施設は子どもたちが初めて集団で生活し，他者の存在を強く意識する場である。そのため，保育者は集団というものを強く意識しがちであるが，乳幼児期の子どもの発達の姿は必ずしも一様ではない。一人一人の成育歴や家庭

環境,生活経験の違いはもちろんのこと,子どもの特性も様々であるため,保育者は子ども一人一人をしっかりと理解することが何よりも大切である。

　筆者には現在2歳になる男の子がいるが,クラスメイトは実に個性的である。自分の思いを強く発揮し自由に動き回るA児,A児の後ろをついて回るB児,周りの子どもを気にすることなく自分の世界に入り込むことのできるC児,同級生であってもまるでお姉さんのように世話を焼きたがるD児,母親が恋しくて保育者に甘えがちなE児等,見ていてほんとうに面白い。生活面においても,基本的生活習慣の身に付き方や言葉の発達等も一人一人異なる。そのような状況の中で,保育者が全ての子どもに対して一律の対応をするとどうなるであろうか。はたして子どもは自分の思いや欲求を理解しようとしない保育者を信頼することができるだろうか。

　もちろん,保育者は子どもの気持ちに応えて全ての要求を受け入れるわけではない。全てを受け入れ,子どもに振り回されるようであれば,子どものわがままを助長することにもなりかねない。大切なことは,子どもの思いや気持ちを受け止め,子どもの成長を考えて一人一人にふさわしい援助をしていくということなのである。

　一方で,子どもの成長のためには集団生活を通して互いを刺激し合う経験も必要である。子どもは友だちの真似が大好きである。周りに箸が上手に使える友だちがいたら「私もAちゃんみたいに箸を使ってみたい」と箸の練習を始めたり,鉄棒の上手な友だちがいたら「Bくんのように鉄棒が上手くなりたい」と一緒に遊ぶ中で鉄棒の練習を重ねたりする。年長児になると互いの意見を出し合い,ルールのある遊びを創りだし一緒に楽しむ姿もしばしば見られる。また,友だちが病気で園を欠席すると「Cちゃん病気大丈夫かな？」と心配し,友だちの回復を心待ちにする姿も見られる。このような姿は集団生活ならではの成長だと言えるだろう。保育者は一人一人の思いや特性を大切に捉えつつ,集団として成長し合える関係づくりを大切にしたい。

（2）環境を通して行う保育（教育）の実際

　これまで3つの視点から「環境を通して行う保育（教育）」のポイントを見てきた。では,具体的にどのような保育を行えば「環境を通して行う保育（教育）」だといえるのであろうか。

　環境を通して行う保育を実践するために,保育者はまず目の前の子どもたちの興味や関心をしっかりと把握する必要がある。前日までの子どもたちの遊びの様子や発言,友だちとの関わり等,あらゆる情報を基に,子どもたちが遊びをどのように発展させていくのかを予想する。同時に,保育者が遊びをどのよ

1 幼稚園教育要領・保育所保育指針等が求める保育

うに展開させていきたいのかという視点も必要である。子どもの発達をしっかりと捉え，子どもたちに必要な体験や経験を，遊びを通して提供しなければならない。

次に，子どもの動きを予想して，子どもたちが遊び込める環境を準備することが求められる。子どもたちの遊びがどのように展開されるのかを予想し，遊具や道具，素材等を子どもが「使いたい」と思った時にいつでも使用できる状態に整えておきたい。構成する環境は物的環境だけではなく，時には人的環境も含まれる。子どもがお店屋さんごっこを展開している時には，実際に地域の商店に協力していただき，お店の見学をさせてもらったり，園に来ていただき子どもにお店の話をしてもらったり等の依頼をすることも環境構成の一つである。

ただし，よい環境とは単に様々な遊具や道具，素材等を数多く揃えておけばよいというものではないことを強調したい。子どもの発達段階や遊びの様子を踏まえ，適切な量の教材を準備することが大切なのである。教材が足りないことによって，道具の貸し借りや順番を待つという経験や道具の使い方の工夫，材料を節約して使う等，子どもにとっては大切な学びができる。保育者は「ねらい」をもって環境を整え，適切な教材の量や質，空間等を精選したいものである。

また，子どもの興味や関心を引き出すような環境も整えておきたい。子どもの遊びがより充実し，遊びが広がるようなヒントを保育の場にさり気なく配置する等の工夫が求められる。環境を構成する上で大切なことは，子どもが思わず関わりたくなるようなものや人，事柄をいかに準備し，子どもの興味や関心を高めるような工夫や配慮がなされているかということである。

写真4-2は保育園1歳児クラスでパン屋さんごっこを楽しむ様子を撮影したものである。このクラスの子どもたちは「ぶっぶーパンやさん」という絵本が大好きで，保育者が絵本を読むたびにパンやさんのセリフを真似したり，パンを食べる真似をしたりして楽しんでいた。保育者は子どもたちの姿を捉え，フェルトを使って絵本に出てくるパンを作り，段ボールでパン屋のお店を再現したところ，子どもたちは大喜びでパン屋さんごっこを始めた。また，パン屋さんの衣装（帽子とスカーフ）を準備したところ，パン屋さんとお客さんに分かれて遊ぶ子どもの姿が見られた。その後，パン屋さんごっこは劇遊びに発展したり，お店屋さんの数が増えたりと，遊びが展開していった。この事例のように，保育者には子どもの興味や関心をしっかりと捉え，環境を整えることによって，子どもの遊びを広げること

写真4-2　パン屋さんごっこ

が求められている。

　保育者も大切な保育環境の一つである。子どもたちの遊びが始まったら，保育者は一緒に遊びを楽しむ，温かな目で見守る，時には励ます等の姿勢を大切にしたい。環境を通して行う保育では，子どもたちが自ら遊びを発見し，遊びを展開しているという思いがもてるよう，極力指導的姿勢は控えることが求められる。また，子ども一人一人の思いをしっかりと受け止めながら，没頭して遊び込めるような時間や空間をしっかりと確保することが大切である。

　子ども自身が遊びを創りだし，時には友だちと協力しながら十分に遊び込む中で，思考を巡らせ，試行錯誤し，発見や驚きを体験し，活動後には充実感や満足感を得ることができたという思いをもてるような援助を心掛けることが大切である。

（3）計画と評価

　「環境を通して行う保育（教育）」を実践するためには，何よりも事前の準備（計画）が大切だということが理解いただけただろうか。保育を行うにあたっては，前日までの子どもの姿を捉えるだけではなく，長期的な視点からの把握も必要となってくる。子どもの興味や関心に合わせて保育を展開することはもちろん大切なことであるが，乳幼児期は子どもの望ましい発達を期待し，人格形成の基礎を培う重要な時期であることも忘れてはならない。そのため，保育者は長期的な計画に基づいて子どもが経験してほしい活動（遊び）を考えることも必要なのである。子どもたちが望ましい方向に成長できるような体験をしっかりと積み重ねることができるよう，計画を立てなければならない。

　子どもの興味や関心から生まれる遊びを通した保育では，計画通りに遊びが展開されるとは限らない。したがって，常に遊びの状況に応じて環境を再構成し，計画を見直し，見通しを立てて次の活動につなげるということが必要になってくる。そのためには何よりも活動後の振り返りが重要である。子どもたちは十分に自己を発揮できていたのか，充実感や満足感を味わうことができたのか，「ねらい」を達成することができていたのか等，様々な視点をもって遊びを振り返ることは，次に行われる活動をより豊かに展開するための手掛かりになる。

　みなさんは「PDCAサイクル」という言葉を聞いたことがあるだろうか。Plan（計画），Do（実行），Check（評価），Action（改善）の4つの英単語の頭文字を取って作られた言葉であるが，教育現場のみならず様々な職種において継続的な改善手法として使用されている。

　保育の現場においてP（計画）とは，現在の子どもの姿からねらいを設定し，

実践計画を立てることである。活動の展開と予想される子どもの姿を思い描き，環境構成や保育者の援助や配慮等を綿密に計画することが求められる。D（実行）は保育実践である。計画をもとに保育実践を行うわけであるが，計画に縛られ過ぎず，子どもの興味や関心に沿った柔軟な対応が求められる。C（評価）は，保育実践後の振り返りである。子どもたちの反応や行動，呟き等をもとに保育者の自己評価を行う。時には同僚や専門家に保育実践を公開し評価を受けることもある。評価は反省点やよかった点をただ洗い出すのではなく，なぜ失敗（もしくは成功）したのか，他にどのような展開が考えられたか，活動のねらいは達成されたのか等，様々な視点で行うことが必要である。A（改善）は，保育実践から得た評価をもとに，保育者が学びを深めることである。保育技術を磨く，子どもの姿を捉えなおす，必要な知識を身に付ける等，次の実践につながるような努力を行う。

　この「PDCA」という一連の流れを繰り返し行うことが，保育の質の向上や子ども理解につながる。子どもたちの生活や遊びをより豊かに展開するためにも，保育者は保育実践におけるPDCAサイクルを理解し，実践したい。

2　日本の保育の特色

　みなさんはこれまでに就学前施設での実習や見学を経験しているだろうか。実習や見学を複数回経験した人の中には，園によって雰囲気や取り組みが大きく異なることに驚いた人もいるかもしれない。実際に，実習を終えた学生と話をすると，「幼稚園は…」「保育所は…」という言葉がしばしば出てくる。しかし，学生が感じた違いは，幼稚園と保育所の違いなのだろうか。

　確かに幼稚園には0～2歳児はいない。しかし，このテキストでこれまで学んだように，「教育要領」「保育指針」「教育・保育要領」において保育のねらいや内容，方法は共通しており，どの就学前施設も，「環境を通して行う保育（教育）」が保育の基本となっている。そのため，「園による違い」は，施設の種別による違いであるとは考えにくい。

　ハロウェイの「ヨウチエン」という本には，様々な種類の幼稚園が登場する。欧米人である著者が日本の幼稚園を訪問し，その多様性に驚きつつも，多様性の要因を分析し，日本の幼児教育について語った本である。この本には様々なタイプの幼稚園や保育者，子どもの姿が紹介されている。同じ「幼稚園」という施設とは思えない程に様々な園が存在することを，改めて感じることができる。つまり，多くの人が感じる「違い」は，種別ではなく，園の方針や保育方法，保育形態の違いから生じるものなのである。

実際の就学前施設では、保育者が適切な活動を選択し、その活動にクラスの子ども全員が取り組む「設定・一斉型の保育」、子どもの興味や関心を最大限に尊重する「自由保育」、同じ空間で生活しながらも子どもが好きな遊びを選択できる「コーナー保育」等が行われている。また、クラスを年齢別で構成する「年齢別保育」を行っている園もあれば、異年齢でクラスを構成する「縦割り保育」を行っている園もある。それ以外にも、「モンテッソーリ教育」「シュタイナー教育」「総幼研保育」「さくらさくらんぼ保育」「ヨコミネ式教育」等、枚挙にいとまがない。仏教や神道、キリスト教等の教えが子どもの生活に自然と取り入れられている園もあり、音楽や運動、美術やICT[*1]等に特化した保育を行っている園もある。これだけ多様な保育方法、保育形態、保育メソッド等が行われていることが日本の保育の特色といえるだろう。

教育要領には「各幼稚園においては、教育基本法及び学校教育法その他の法令並びにこの幼稚園教育要領の示すところに従い、創意工夫を生かし（略）教育課程を編成するものとする[1]」と記されている。保育所保育指針においても、「各保育所は、この指針において規定される保育の内容に係る基本原則に関する事項等を踏まえ、各保育所の実情に応じて創意工夫を図り、保育所の機能及び質の向上に努めなければならない[2]」と記されている。教育要領や保育指針等が求めている内容を守りつつ、園で創意工夫しながら保育を行うことが求められていること、教育要領や保育指針の記述が抽象的でわかりにくく、求められる保育の理解が困難であること、保護者がイメージする保育との間にずれがあること等が、これだけ多様な保育が行われる原因と考えられる。

3 モンテッソーリ教育

マリア・モンテッソーリという女性の名前を聞いたことがあるだろうか。彼女は1870年にイタリアで生まれた女性医師である。イタリア初の女性医学博士になった後、精神遅滞児に関する研究を行い、障がい児の治療には医学的治療だけではなく、教育が大切であるということを発見した。このことをきっかけに、子ども中心の教育法を確立することになる。

彼女は「こどもは本来自分で成長していこうとする生命力を持っていて、適切な時期に適切な環境が与えられれば、自分の力で成長することができる[3]」と考えた。子どもは日常の生活を自分一人でできるようになることを求めており、「わたしが一人でできるように手伝って」というメッセージを大人に発信しているというものである。

モンテッソーリは、1907年にローマのスラム街に開設した保育施設「子ども

*1 ICT
Information and Communication Technologyの略。情報通信技術。

1) 文部科学省『幼稚園教育要領』（第1章総則 第3 1）, 2017.

2) 厚生労働省『保育所保育指針』（第1章総則 前文）, 2017.

3) 上谷君枝・石田登喜恵『自分で考えて動ける子になるモンテッソーリの育て方』実務教育出版, 2018, p.4.

の家（Casa di bambini）」の指導を任せられ，保育実践を行った。ここでは，精神遅滞児のために使った方法を健常児にも適応し，子どもの発達を促すことに成功した。モンテッソーリの教育法は20世紀の初頭に欧米を中心に世界中に広まり，日本の就学前施設でも取り入れる園が出てきたのである。モンテッソーリ教育とはどのようなものであろうか。

（1）敏 感 期

　敏感期は，モンテッソーリが提唱した発達と教育に関する基本概念の一つである。相良敦子は自身の著書で敏感期に関して「生物の幼少期に，ある能力を獲得するために」「環境中の特定の要素に対して」「それをとらえる感受性が特別に敏感になってくる一定期間である」という3つのポイントをあげている[4]。つまり，ある能力（言語や感覚，読み書き等）を獲得するために特に感受性が強く働く時期があり，それを「敏感期」と呼ぶのである。敏感期は0歳から6歳までの間に表れ，子どもは自分自身で能力を獲得するために同じことを何度も繰り返しながら自分自身の課題に取り組む。保育者や周りの大人はこの敏感期に合わせた関わりをすることが求められる。

4）相良敦子『モンテッソーリの幼児教育　ママ，ひとりでするのを手伝ってね！』講談社，1985，p.23．

（2）モンテッソーリ教具とお仕事

　モンテッソーリ教育では，子どもの発達を助けるために「教具」と呼ばれる教材を使用する。教具は子どもに合わせたサイズに作られていることはもちろん，とても正確に作られており，子ども自身が「誤り」に気付くことができるようになっている。例えば，「はめ込み円柱」という教具は高さ，もしくは太さの違う10個の円柱を10個の穴の中に視覚を使って戻す教具であるが，間違った円柱を差し込もうとすると，差し込めなかったり，隙間が空きすぎてしまったりするため，子ども自身が誤りに気付くことができるのである（写真4-3）。

　モンテッソーリ教具は，のり貼りや着衣の練習，洗濯や縫い物を行う「日常

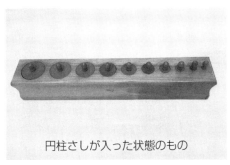
円柱さしが入った状態のもの

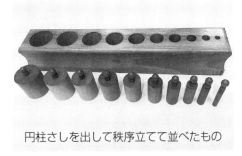
円柱さしを出して秩序立てて並べたもの

写真4-3　はめ込み円柱

生活」，五感を洗練する「感覚」，多い少ない，重い軽い等を体験する「数」，物の名前や文字を学ぶ「言語」，動植物や世界の国旗や地図等を学ぶ「文化」の5つの領域に分けられ，子どもの敏感期に合わせて使用する。全ての教具は使い方が決まっており，保育者はまず，子どもの目の前で教具の使い方を，正確にゆっくり，はっきりと示す（提示）。子どもは保育者の動きを見て教具の正しい使い方を学び，真似をすることによって教具を使った活動を行う。この教具を使った活動をモンテッソーリ教育では「仕事」と呼んでいる。子どもの敏感期は一人一人違うため，保育者は目の前にいる子どもが何に興味をもっているのか常に深く観察し，教具の提示をすることが大切である。つまり，ただ教具を使えばよいということではなく，その教具を提示する保育者の関わりや子どもを観る目が重要なのである。

　一度，教具の正しい使い方を学んだ子どもは，「仕事の時間」になると自分で教具を選択し，一人で集中して仕事に取り組む。「仕事の時間」中，保育者は保育室にいるが，余計な口出しや説明等は行わず，子どもたちを見守り，必要な時のみ援助できるようにしている。

　モンテッソーリ教育における保育者の役割は，子どもが生活しやすい環境や敏感期に応じた教具を整えること，そして子どもの成長する力を信じ，見守りつつも手助けをすることである。

4　プロジェクト法

　プロジェクト法とは，近年注目を浴びている保育方法の一つである。プロジェクト法自体は1900年代の初頭から存在しているが，改めてこのプロジェクト法が広まるきっかけとなったのは，イタリアのレッジョ・エミリア市で行われている幼児教育である。

（1）レッジョ・エミリア・アプローチ

　レッジョ・エミリア・アプローチ[*2]では2人から5人の子どもがグループを作り，テーマを決め，プロジェクト活動を進める。テーマは，子どもの興味や偶然の出来事，一人の子どもが疑問に思ったこと等，様々なことから始まる（水について，恐竜について，線について等）。保育者がテーマを与えることはなく，子どもたちから出たアイディアを支援する。子どもたちは問題解決に向け，自分たちで話し合い活動を行ったり，調査を行ったり，実験をしたりする。時には園外に出掛けて活動を行うこともある。1つのプロジェクトはしばしば数週間から数か月，長いものでは1年かけて取り組まれる。子どもたちは

[*2] レッジョ・エミリア市の就学前施設で取り組まれている保育方法。保育者だけではなく，保護者や市民も教育に関わる。また，全ての就学前施設にアトリエを併設する等，芸術分野を十分に活用した教育が特徴である。

プロジェクトの終盤になると，まとめとして作品を創ったり，言語による説明を行ったりする。

保育者は「子どもを指導する人」ではなく，「共に学ぶ人」という位置付けであり，保育者であっても，プロジェクトがどのような結末を迎えるかは分からないのである。また，失敗や葛藤，意見の違い等を大事にし，保育実践を行っている。これらの経験は，子どもにとっての深い学びにつながると考えられている。

保育者の大切な仕事の一つに「ドキュメンテーション（記録）の作成」がある。ドキュメンテーションは子どもたちから出た意見や話し合い活動の様子，活動の写真や子どもの作品等をもとに作成される。結果のみを伝えるのではなく，現在，プロジェクトがどのように進んでいるのかという過程を見せるという意味合いをもっている。子どもたちはこのドキュメンテーションを見ることで自身のプロジェクトを振り返ったり，確認したりすることができる。また，保護者も子どもたちの活動についてより深く知ることができ，子どもと一緒にプロジェクトについて学ぶことができるのである。

レッジョ・エミリア・アプローチにおいて，プロジェクト内容は子どもとの話し合いから生み出されるため，保育者にとっては活動を予測することは困難であり，事前にカリキュラムを組んだり，目標を設定したりすることは難しい。そのため，保育者は常に子どもたちの活動を観察し，活動がどのような方向へ進むのかを推測し，どのように子どもたちの活動を支えていくのか，どのような目標を設定するのかを保育者同士で話し合うことを繰り返す。保育者にとってはとても難しい保育方法だが，子どもにとっては自分の興味や関心を思う存分深めることができるよい方法だといえるであろう。

（2）プロジェクト法と日本の保育

教育要領において，「主体的・対話的で深い学び」「言語活動の充実」「見通しや振り返りの工夫」「情報機器の活用」の実現というものが新たに打ち出された[5]。また，幼稚園教育において育みたい資質・能力として3つの柱（p.25参照）が設定された（保育指針や教育・保育要領においても同様である）。これらはまさに，話し合いによって子どもが主体的に活動を進めるという「プロジェクト法」により実現される内容ではないだろうか。

今後，日本でもプロジェクト法を保育に取り入れる就学前施設が見られるようになり，増えていくのではないだろうか。実践例を紹介した書籍[*4]も出版されている。

5）文部科学省『幼稚園教育要領』第1章総則 第4 3）2017.

*4 プロジェクト法については以下の本が参考になる。
角尾和子編著『プロジェクト型保育の実践研究-協同的学びを実現するために-』北大路書房，2008.

第4章　保育の多様性

5　韓国のテーマ中心型保育

　韓国は，歴史的に日本の影響を受けたため，日本と同様「幼稚園」と「保育所」が存在する。また，3歳以上児に関しては幼保統合化の流れにより「ヌリ課程[*5]」が導入され，全ての子どもが同じ教育を受けられるような制度が整えられた。日本においても，教育要領や保育指針の内容の統一が図られているが，韓国においてはこのヌリ課程の遵守が必須であり，認可を受けた幼稚園や保育所ではヌリ課程に沿った保育が展開されているのか定期的に国家基準実施評価による確認が行われている。

*5　ヌリ課程
　就学前教育の普遍性と公平性を図るために作成された，3〜5歳児を対象とした国家水準教育課程のことである。「ヌリ」は韓国語で「世の中」という意味であり，全人教育と創造性育成に重きをおいたカリキュラムとなっている。

（1）テーマ活動

　ヌリ課程の特徴として年齢別に「テーマ」が設定されていることがあげられる。子どもたちは「幼稚園と友だち」「私と家族」「動植物と自然」「世界のいろいろな国」等，設定されたテーマに沿って大集団活動（クラス全体の活動），小集団活動（グループ活動），自由選択活動，外遊びが展開される。子どもたちは，それぞれのテーマごとに，身体活動，話し合い活動，製作・造形活動，音楽活動，絵本読み，お話作り，劇遊び，科学遊び，数遊び，ごっこ遊び，探究活動，見学など多様な活動を経験する。園の1日は自由選択活動から始まり，1日の活動を振り返った後に降園する。1つのテーマは約1か月にわたって展開される[6]。

　日本でも選択活動（コーナー保育）を行っている園は多いが，そのほとんどは「おままごとコーナー」「ブロックコーナー」「絵本コーナー」等の遊びが準備されているもので，コーナー活動自体にテーマの統一性はあまり見られない。これに対して，韓国で行われているコーナー遊びは，その時の年齢別のテーマに応じたコーナーが積み木コーナー，言語コーナー，ままごとコーナー，科学コーナー，美術コーナー，音楽コーナー等，複数準備されており，子どもたちは自分の興味や関心のあるコーナーを選んで遊びを進める。つまり，集団で取り組むテーマ活動と，個人もしくは小集団で取り組むコーナー活動が同じテーマでつながっているのである。テーマを基に，今，何で遊んでいるのか（学んでいるのか）がはっきりと示されていることが韓国の保育の特徴であるともいえる。

6）田中敏明・姜旼晶・貞方聖恵・松井尚子「韓国の幼稚園における国家基準としてのテーマ中心型教育」九州女子大学紀要，第54巻1号，2017，pp.123-137.

（2）保育者の役割

　ヌリ課程には年齢別の教授内容が細かく示されており，保育者のための指導

書等も多数存在する。そのような中であっても，目の前の子どもたちの興味や関心をしっかりと捉え，子どもの興味を中心として遊びを展開することが保育者には求められている。

コーナー遊びにおいても，テーマに沿った教材を複数準備することはもちろんであるが，テーマに沿っていればどのような教材でもよいという訳ではない。子どもたちが進んで取り組むことができるよう，興味や関心，知的好奇心をもつことができるようなコーナーの準備が必要なのである。

韓国の保育者には，ヌリ課程に示された主題や多数の指導書に従いつつも，目の前の子どもをしっかりと観察し，子どもの興味に沿った遊びを通して学びを進めることが求められているのである。

6 ニュージーランドのラーニングストーリー

保育実践には必ず「評価」が求められる。評価という言葉を聞くだけで嫌なイメージをもつ人もいるかもしれない。しかし，評価には保育の質を高めるという重要な役割がある。その「評価」において世界中から注目を集める取り組みを行っている国がある。ニュージーランドである。ニュージーランドの統一カリキュラムである「テ・ファリキ」について紹介する。

(1) テ・ファリキ

1996年に制定されたニュージーランド初となる乳幼児統一カリキュラムが「テ・ファリキ」である。このテ・ファリキは英語だけでなく現地先住民族であるマオリの言葉でも書かれていることが特徴であり，「ファリキ」とは，マオリ語で「織物」を指している。多様な背景をもつ全ての子どもに対し，開かれたカリキュラムであることを示していると同時に，縦糸と横糸が編み合わさるように4つの原理と5つの要素が組み込まれたカリキュラムであることを象徴している。

カリキュラムには保育者の理念として，「自分自身に力をつける」「全人格的成長」「家庭と地域の中で育つ」「関係性」という4つの原理が書かれている。また，学びの5つの要素として「健康と幸福」「所属感と安心感」「社会参加と貢献」「コミュニケーション」「探究・探索」が示されており，それぞれに学びの目標が設定されている。

(2) ラーニングストーリー

ラーニングストーリーは「学びの物語」と訳される。子どもがどのように育

っているのかを評価するものであり，従来の評価にありがちな「できる」「できない」という視点とは一線を画すものである。ネガティブな姿ではなく，子どものあるがままの姿を記録するのが特徴である。保育者の主観は入れず，子どもの行動や発言，子ども同士の会話等をそのまま記録として残す。特に，「何かに関心を持っている時」「熱中している時」「困難に立ち向かっている時」「自分の考えや気持ちを表現している時」「責任や役割を果たしている時」の様子を中心に記録していく。

保育者は子ども一人一人のラーニングストーリーを記録し，その記録をもとに他の保育者とカンファレンス（検討）を行うことで，子どもの評価を行っている。子どもの成長に向かう姿を多く語ることで，子どもを中心とした視点で保育を見ることができるようになるという。

ラーニングストーリーは全ての就学前施設で取り組まれている評価方法であるが，記録の形式は園によって異なる。一人一人のラーニングストーリーをテ・ファリキに示されている5つの要素に対応させて評価を行うことは全ての園に共通するが，園によっては写真記録を付けたり，保育者による活動の解説が書かれていたり，今後の展開に関する意見が書かれていたりする等，そのまとめ方は様々である。

また，このラーニングストーリーが綴られたファイル（子ども一人一人にファイルが作成される）は，いつでも誰でも自由に手に取ることができるように配置されており，保護者は子どものファイルを見ることによって子どもの成長をより深く知ることができるのである。加えて，保護者も子どものラーニングストーリーを書く機会が設けられている園もあり，我が子の理解，そして保育に対する理解を深めることに役立っている。

一人一人の子どもに対するラーニングストーリーを作成することは非常に大変なことのように思える。しかし，子どものありのままの姿を理解し，一人一人の成長を支える視点をもつきっかけともなるラーニングストーリーは，日本の保育を考えるヒントになるのではないだろうか。

● **演習課題**

課題1：「環境を通して行う保育（教育）」の具体的な実践例を考えてみよう。
課題2：実習園での取り組み（保育方法や保育方針）をグループで話し合い，共有してみよう。
課題3：どのような保育を行いたいと思ったのか，理由も含めて発表してみよう。

●参考文献

飯野祐樹「ニュージーランドにおける保育評価に関する研究」広島大学大学院教育学研究科紀要，第58号，2009，pp.245-251.

泉 千勢・一見真理子・汐見稔幸編著『世界の幼児教育・保育改革と学力』明石書店，2008.

金 正民・加藤あや子・中橋美穂「韓国の就学前教育制度及び『年齢別ヌリ課程』と『幼稚園教育要領』の内容比較」エデュケア，第38号，2017，pp.31-45.

上谷君枝・石田登喜恵『自分で考えて動ける子になるモンテッソーリの育て方』実務教育出版，2018.

クラウス ルーメル『モンテッソーリ教育の精神』学苑社，2004.

相良敦子『モンテッソーリの幼児教育 ママ，ひとりでするのを手伝ってね！』講談社，1985.

汐見稔幸『さあ，子どもたちの「未来」を話しませんか』小学館，2017.

ジョアンナ ヘンドリック『レッジョ・エミリア保育実践入門』北大路書房，2000.

スーザン ハロウェイ『ヨウチエン-日本の幼児教育，その多様性と変化』北大路書房，2004.

髙木さんご『ぶっぶーパンやさん』チャイルド本社，2017.

出村るり子 他「ニュージーランドの保育実践から学んだ事」北陸学院大学・北陸学院大学短期大学部研究紀要，第8号，2015，pp.357-370.

マリア モンテッソーリ，関 聡訳『新しい世界のための教育―自分をつくる0歳～6歳―』エンデルレ書店，1992.

宮地あゆみ「保育・児童福祉分野実習における学生の学びに関する一考察」地域総研紀要，第15巻1号，2017，pp.23-28.

レッジョ チルドレン『子どもたちの100の言葉』日東書院本社，2012.

ロバート フルガム『人生に必要な知恵はすべて幼稚園の砂場で学んだ』河出書房新社，2004.

「月刊クーヨン」（3月号増刊モンテッソーリの子育て）クレヨンハウス，2010.

「現代と保育」（69号レッジョとテ・ファリキ）ひとなる書房，2007.

第4章　保育の多様性

コラム　　保育者にとって大切なこととは

　保育者養成校で教員をしていると，学生から思わぬ質問を受けることが多くあります。「先生は子どもを預ける園をどのように選びましたか？」「先生が子どもを預けている園が，この地域で一番よい園ですか？」という質問は特に何度も受けました。心底，回答に困ってしまう質問の一つです。私は決まって（半分苦し紛れに）このように答えます。「よい園というのは人によって感じ方が違うので，自分の目で確かめることが一番大切だよ。私は自分の子どもが毎日を生活する場として，今の保育園や先生たちを信頼できているから，子どもを安心して預けることができているよ」と。

　本章で紹介したとおり，日本の就学前施設では多様な保育が行われており，その保育実践に対する捉え方は人それぞれ意見が異なります。ですので，一概に「よい園」「わるい園」という捉え方はできません。また，「この保育方法が絶対によい」という研究結果は，残念ながらまだ出ていません。ですので，どのような保育が一番よい方法なのかは，誰にも分からないのです。それぞれの就学前施設では，子どもたちの健やかな発達のためにどのような保育がよいのか，毎日を楽しく過ごすためにはどのような取り組みが必要なのかをしっかりと考え，保育を実践されています。

　ここで，私にとって子どもの就学前施設を選ぶ大切なポイントを一つだけ紹介します。それは，「保育者の笑顔」です。「なんだ，そんなことか」と思った人も多いかもしれませんが，子どもを長時間預ける保護者としてはとても大切なことなのです。子どもに優しい眼差しで関わっている保育者の周りには，穏やかな表情の子どもの姿がみられます。子どもは笑顔の素敵な先生が大好きです。

　毎朝，子どもの「今日はどんな楽しいことが起きるのかな？」というワクワクした表情と保育者の笑顔に見送られながら仕事に向かうことができる幸せは，園への信頼につながります。また，子どもを迎えに行った際に，保護者の身になって「今日はこんなことがありましたよ」「こんなこともできるようになりました」とうれしそうに報告してくれる保育者の姿は，「一緒に子育てをする大切なパートナー」そのものです。

　日々の保育者の笑顔の積み重ねが，保育者と保護者の信頼関係につながると，私は保護者の立場になってみて改めて実感しました。みなさんが笑顔の素敵な保育者になられることを心から願っています。

第5章 保育課程・教育課程と指導計画

保育や教育において，計画は，確かな保育・教育を実践するために重要な役割を果たしている。保育計画はなぜ必要なのだろうか。どのように作成すればよいのだろうか。多様な保育計画について理解を深める中で，保育計画の役割と意義について考察する。さらに，確かな計画を自ら作成できることを目指して，ねらい，内容等，保育計画におけるそれぞれの構成要素の意味と作成するうえでの留意点及び，具体的な作成の仕方について学習する。

1 計画の必要性と種類

(1) なぜ計画を立てるのか

　保育計画は，達成したい保育目標と，目標を達成するために保育者（保育士，幼稚園教諭，保育教諭をいう）が指導したり幼児が経験する事項とその時期，指導の方法を，保育実践に先立って示すものである。

　保育は子どもと一緒に楽しい遊びや活動をしながら楽しい日々を過ごすだけの営みではない。表面的にはそのように見えるかもしれないが，保育には大切な目的がある。

　その目的は，これまでの章でも繰り返し述べてきたように，「長い人生を幸せに生きていくために必要な人間性や資質・能力の基礎を築く」ことである。だからこそ保育はとてもやりがいのある仕事なのである。

　長い時間のかかる大きな目的を達成するにはどうしたらよいのだろうか。子どもにとって楽しそうな活動を選択して経験させるというやり方だけでは目的は達成されない。生きていくために必要な人間性や資質・能力とは何なのか，そのうち幼児期に育つものは何か，その一つ一つについて幼児期の終わりまで

第5章　保育課程・教育課程と指導計画

にどこまで育つのか，どのような順序でどのように育てたらよいのかという見通しと計画性を保育をもって保育が展開される時，子どもの確かな育ちが保障される。「今日は何しよう，今週は，今月は・・・」という長期的な見通しのない保育を見かけることがあるが，そのような保育は本当の保育とはいえない。保育は保育計画を作成するところから始まるのである。

（2）保育課程・教育課程と保育計画

このように，保育計画は，確かな保育を行うために不可欠なものである。保育の計画には入園から卒園までの全体計画としての保育課程[*1]・教育課程と保育課程・教育課程に基づいて作成される長期の指導計画（年間指導計画，期の指導計画，月の指導計画）と短期の指導計画（週の指導計画，1日の指導計画）がある。幼稚園の教育課程は，役割が教育に限定される。図5-1は，保育計画と計画を作成するための様々な手掛かりとの関連性を示したものである。

*1　**保育課程**
2018（平成29）年に改定された保育所保育指針では「全体的な計画」という言葉が使われている。

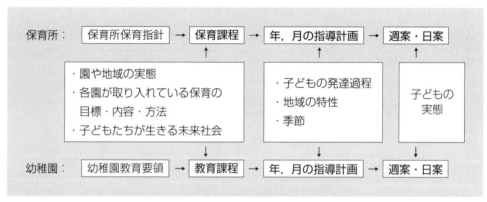

図5-1　保育課程・教育課程の関連図
注：太字は各園が作成する保育計画

2　保育計画を作成する

（1）保育課程・教育課程

平成29年告示小学校学習指導要領に目を通してみよう。教科ごとに教科の目標，学年別の目標と目標に対応した学習内容が書かれていることが分かる。これを見ると，子どもたちは小学校で何を学ぶのか，今何を学んでいるかがよく理解できる。小学校学習指導要領は小学校の教育課程である。このことから分かるように，保育課程・教育課程も，全体的な保育目標，年齢ごとの目標（幼

児教育では「ねらい」といわれる），ねらいを達成するための内容が記載される。保育・教育目標から指導計画が作られ，指導計画に沿って保育が展開されるわけであるから，どのような保育課程・教育課程を作成するかによってその園の子どもの育ちが決まるといっても過言ではない。

1）保育目標

　保育目標は，園が育てようとする子どもの姿が全体にわたって示されたものでなくてはならない。さらに，保育目標には，今だけではなく，これから先の未来社会を生きていくために必要な人間性や資質・能力の基礎となるものが欠かすことなく含まれている必要がある。したがって，保育目標の設定においては，保育の本質や子どもの発達特性，現代の教育や子どもが抱える諸課題，子どもが迎える未来社会予測等[*2]に関する手掛かりに目を通し，園長や主任，保護者，地域の人々の連携，協力のもとに議論を重ねて作り上げていくべきである。

　平成29年告示保育所保育指針（以下，保育指針）には，保育目標として6項目が示されている（p.22参照）。これは国家基準としての保育所保育の目的である。教育機能だけを果たす幼稚園は，学校教育法[*3]第23条に，幼保連携型認定こども園は認定こども園法第9条に，養護に関する目的としてのア）を除いたイ）からカ）までの5項目が，表現は異なるもののほぼ同じ内容で記されている。これら6項目（幼稚園，幼保連携型認定こども園においては5項目）は，時代や保育観にかかわらずほぼ妥当なものといえるだろう。もちろん，園独自の項目を付け加えることも可能である。

[*2] 第1章のコラム（p.16）参照。

[*3] 1947（昭和22）年制定。幼児園教育の目的は現在に至るまで変更はない。

2）ねらい及び内容

　ねらいとは，入園から卒園までの保育を通して育みたい資質・能力である。内容については保育指針と幼稚園教育要領（以下，教育要領）では定義が異なり，保育指針では「保育士等が援助して子どもが環境に関わって経験する事項[1]」，教育要領では「ねらいを達成するために指導する事項[2]」と定義されている。保育課程・教育課程では，ねらいと内容を対応させて年齢別に表示する。保育指針や教育要領にはねらいと内容が示されている。養護と教育両方の役割を担う保育所の規定である保育指針では，養護に関するねらい及び内容が「生命の保持」と「情緒の安定」に分けて記述されている。

　保育所と幼稚園に共通する教育の役割に関するねらいと内容は，保育指針，教育要領ともに健康，人間関係，環境，言葉，表現の5領域に分けて示されている。3歳以上児はほぼ同じねらいと内容である。内容には，指導内容とともに子どもが経験する内容，すなわち活動内容がある。保育指針や教育要領に示

1）厚生労働省『保育所保育指針』（第2章）2017.

2）文部科学省『幼稚園教育要領』（第2章）2017.

されている内容は指導内容である。保育指針や教育要領には活動内容が示されていないが，活動内容を記入するとより分かりやすい保育課程・教育課程になるだろう。

各園で作成する保育課程・教育課程のねらいと内容は，保育指針や教育要領のねらいと内容をそのまま取り入れるのが原則である。しかしながら，保育指針や教育要領に示されているねらいと内容は具体性に乏しく，必要なねらいや内容の一部しか記されていない，ねらいと内容が区別しにくい，心情・意欲・態度に関わるものに偏っている等の問題がある。方法も「幼児の主体的な活動を促す[*4]」という方法のみが記されている。我が国の保育所や幼稚園等では，保育者が活動を選択し子どもたちに提案する保育（設定保育），モンテッソーリ教育，活動選択保育（コーナー保育），プロジェクト型保育[*5]，総合幼児教育研究会（総幼研）の保育[*6]等のような保育が取り入れられており，それぞれの保育には独自のねらいや方法がある。

ねらいと内容は以下のように設定するとよいだろう。

① 保育指針や教育要領の「内容」に記されている事項を参考にしながら，必要なねらいを設定する。ねらいは，「自分でできることは自分でする」，「思いやりの気持ちをもつ」等，具体的で分かりやすいものにする。

これは，保育指針や教育要領の「内容」に相当するものである。

② 各年齢で達成するねらいを選択し，記載する。

③ 年齢で達成する具体的な指導内容をねらいごとに記載する。指導内容は，小学校学習指導要領の各学年の内容に示されているような，ねらいが達成される一歩一歩の発達過程の中のその年齢や学年で達成されるものである。

④ 年齢ごとに子どもが経験する主な遊びや活動の名称を記載する。表5－1に示したねらいは，保育指針や教育要領にはとりあげられていない。筆者は，ねらいごとの内容を年齢別，期別に詳しく提示している。表5－2はその一部，「思いやりの気持ちをもつ[3]」というねらいの指導内容を年齢別・期別に示したものである。

3）保育方法

保育には様々な方法がある。主なものだけでも，意図的な環境を構成して主体的な活動を促す，保育者が活動を選択し子どもたちに提案する（設定保育），遊具・教具を個別に選択する（モンテッソーリ保育等），活動ごとにコーナーを用意し選択する（コーナー保育），目標に向かって協働しながら活動する（プロジェクト型保育），1つのテーマのもとに多様な活動を経験する（テーマ中心型保

[*4] 教育要領「第1章 総則 第1 幼稚園教育の基本」に記されている。1989（平成元）年の改訂で記載されるようになった。

[*5] ウィリアム キルパトリックが提唱した教育方法で，我が国でも一部の園で実践されている（p.54参照）。

[*6] 1983（昭和58）年に創設された組織で脳科学を活用したユニークな保育を行っている。200以上の幼稚園，保育所が加入している。

3) 田中敏明『幼稚園・保育所指導計画作成と実践のためのねらいと内容集』北大路書房，2014, pp.35-100. この本には67個のねらいごとに年齢別，期別の指導内容が示されている。

2 保育計画を作成する

表5-1 保育所保育指針や幼稚園教育要領に記載されていないねらい

総合領域
- いろいろな活動に，意欲的に取り組む。
- 感謝の気持ちをもつ。
- したいこと，欲しいものがあっても，状況を考えて我慢する。
- つらいことや苦しいことを乗り越えようとする。
- 豊かな感覚を身に付ける。
- 日常生活に必要な技能を身に付ける。

健　康
- 遊びや生活の基礎となる体力や運動能力を身に付ける。
- 食べる楽しさを味わい，食べることの大切さがわかる。

人間関係
- 家族の大切さがわかり，家族のために役割を果たそうとする。
- 高齢者に親しみ，敬いの気持ちをもつ。
- 親や先生に対して尊敬の気持ちをもつ。

環　境
- 身近な出来事や情報，施設に関心をもつ。
- 国や地域の伝統や文化に興味をもち，行事等に喜んで参加する。
- 異なる国や地域の人の生活，文化，言葉などに興味をもつ。
- いろいろな仕事に興味をもち，自分の生活と仕事との関係に気付く。
- 様々な事象の性質や仕組みに関心をもち，試したり発見したりする。
- わからないことは自分なりに考えたり，友だちと一緒に考えたり，尋ねたり，自分で調べようとする。

言　葉
- 物語を想像したり，発展させたりすることを楽しむ。
- 文字や標識に関心をもち，文字を読んだり書いたり文字や標識を使って伝えたりする。文字等で伝える楽しさを味わう。

感性と表現
- いろいろな人の表現に興味をもち，その特徴やよさを感じ取ろうとする。

出典）田中敏明『幼稚園・保育所指導計画作成と実践のためのねらいと内容集』北大路書房，2014, pp.29-32.

育)*7，たて割り保育等の中から，取り入れる保育方法を記入する。

保育課程・教育課程の形式と記載事項は表5-3の通りである。

*7 2012（平成24）年に制定された韓国の国家基準の中で求められている保育。私の家族，健康と安全，動植物と自然等のテーマのもとに保育が展開される（p.56参照）。

写真5-1　「散歩」も計画に基づいた保育活動

第5章 保育課程・教育課程と指導計画

表5-2 ねらい「思いやりの気持ちをもつ」の年齢別・期別指導内容

年少	Ⅰ期	・友だちがけがをしたり，泣いているとき，先生に告げに来る。 ・友だちがしていることに気付き，やってあげる。
	Ⅱ期	・友だちが困っていると，助けてあげようとする。 ・誰でも遊びの仲間に入れてあげようとする。 ・遊びの仲間に加わるように友だちを誘う。
	Ⅲ期	・友だちに，自分のものを分けてあげようとする。 ・友だちが服を着られないときは，手伝ってあげようとする。
年中	Ⅰ期	・友だちのものが無くなった時，一緒に探す。 ・自分が使っている道具や物を友だちに貸したり，分けてあげる。 ・友だちがけがをすると，「大丈夫？」と心配する。 ・悲しんでいる友だちを慰める。
	Ⅱ期	・当番などのみんなのための活動を喜んでする。 ・自分の片付けが終わっても，友だちや年少児の片付けの手伝いをする。 ・役や順番，自分が使っているものを譲ったり，交替する。 ・木の実の採集などで，休んでいる友だちの分も持って帰る。 ・泣いている友だちを心配して，「どうしたの？」，「大丈夫？」などと声をかける。
	Ⅲ期	・その日欠席している友だちのことを心配して，先生に「どうしたの？」と尋ねる。 ・誰にでも親切にすることの大切さがわかる。
年長	Ⅰ期	・捕まえた虫や集めた木の実等を，見つからなかった幼児，年少の幼児に分けてあげる。 ・自分から積極的に友だちの手助けをする。
	Ⅱ期	・話し合いで，意見が言えない幼児の発言を待ってあげる。 ・休んでいた幼児が登園してくると，休んでいた間のことを教える。 ・木の実や落ち葉の採集に行き，休んでいる友だちの分も持って帰ってあげる。 ・木の実拾いで，見つけた木の実を全部持ちかえらずに残しておく。
	Ⅲ期	・仲間に入れない幼児，一人遊びをしている幼児に声を掛け仲間に入れる。

出典）田中敏明『幼稚園・保育所指導計画作成と実践のためのねらいと内容集』北大路書房，2014，p.19.

（2）年間指導計画

　年間指導計画は1年を見通した計画であり，それぞれの年齢ごとに年間をいくつかの期に分けて，期ごとに領域別のねらいと指導内容，保育の方法，主な活動内容，保育行事，保護者等との連携の順で表示する。

　期：期は，本来は発達の節目によって年間を区分するものである。保育雑誌などでは，3歳は4期，4・5歳は5期に分けている。しかしながらこの区分は便宜的なものでこれといった根拠はない。幼稚園の夏休みや冬休みに合わせて，Ⅰ期（4月から8月），Ⅱ期（9月から12月），Ⅲ期（1月から3月）に分けると分かりやすい。

　ねらい：ねらいは，保育指針や教育要領の内容及び表5-1に示した保育指

表5-3　保育課程・教育課程の形式と記載事項

保育方針	保育の重点目標，保育の方法，環境構成　その他園の特色				
保育目標	保育所保育指針，幼保連携型認定こども園教育保育要領の6項目，学校教育法第23条の5項目に園独自の目標を加えたもの				
ねらい及び内容	年齢	領域	ねらい	指導内容	主な活動内容
	◎歳	健康			遊びや経験，活動の名称
		人間関係			
		環境			
		言葉			
		表現			
	各年齢				
保育方法	「保育者が活動を選択し子どもたちに提案する」，「選択保育」など，採用する保育の方法を記入				
保育行事	年間の主な行事				

針や教育要領に記載されていないねらいの中から，それぞれの年齢，期で達成するものを選択する。

指導内容：指導内容は，ねらいが達成されていく一歩一歩の育ちのうち，該当する期に育つもので，期の具体的なねらいでもある。ねらいと指導内容は領域別に，両方を対応させて記載するので，ねらいと指導内容に共通の番号をつけておくと，それぞれの内容はどのねらいと対応しているのかが分かりやすくなる。ねらいや指導内容の中には，2つ以上の期にまたがって達成されるものがある。その場合には矢印（→）等を用いて表示する。

主な活動内容：期のねらいや指導内容を達成するための具体的な活動や経験を記載する。○○ごっこ，△△の製作という形で書かれることが多い。小学校の教育等とは異なり，1つのねらいや指導内容がいろいろな活動で達成されたり，1つの活動でいろいろなねらいや指導内容が達成されたりするのが保育の特徴の一つである[8]。一つ一つの活動で達成されるねらいや指導内容全体がその期のねらい及び指導内容と一致していなければならない。

保育方法：すでに述べたような多様な保育方法の中から，その期で取り入れる主な保育方法を記載する。

保育行事：保育行事は保育活動の中でも重要な位置を占めているが，行事名だけが書かれることが多い。行事を通して子どもたちは何を感じ，何がわかり，何を考えるのか等，行事のねらいと指導内容を書くことが大切である[9]。

保護者・地域・小学校との連携：保護者・地域・小学校との連携は保育には

*8　教育要領「第1章 総則 第1 幼稚園教育の基本」に，「遊びを通しての指導を中心にねらいが総合的に達成されるようにすること」と記されている。

*9　例えば，「たなばた」の年長児であれば，指導内容として，「なぜ1年に1回しか会えないのか考える」，「星に興味をもつ」等。

第5章　保育課程・教育課程と指導計画

写真5-2　身近な自然に関心をもつ（領域・環境）

欠かせない重要事項であり、指導計画の中にしっかり位置付けておく必要がある。保育行事と同様にそれぞれの意義やねらいを明示しておきたい。

年間指導計画の形式：年間指導計画の形式と記載事項は表5-4（p.67）の通りである。

（3）日　案

日案は、年間指導計画や月の指導計画等、長期の指導計画に基づいて、最近育ってきたこと、そろそろ育ってほしいこと、子どもの興味・関心、最近行った活動等の子どもの実態を踏まえて、登園から降園までの1日の活動を展開するための計画である。日案には表5-4に示した事項を記載する[4]。

4）田中敏明・安東綾子「保育指導案の形式と内容に関する考察-保育指導案の統一の必要性-」九州女子大学紀要、第52巻2号、2016. pp.117-130.

子どもの実態：子どもの実態は、主として次の3つの子どもの姿を中心に記述する。

① クラス全体の最近の姿。なかでもクラスの人間関係や興味・関心をもって取り組んでいる遊び等を記述する。
② ねらいと内容に関わる子どもの姿を記述する。この場合には、「ねらい、内容に関わる姿が見られるようになった」という場合と、「まだほとんど見られない」という場合の2つのケースが考えられる。
③ 発達の遅れや障がいのある子どもを含めて、配慮や支援が必要な子どもについて記述する。

ねらい：ねらいは、保育指針や教育要領の内容に加えて、表5-1（p.65）に示した保育指針や教育要領に記載されていないねらいの中から選択する。日案に記載するねらいは最大3項目以内にとどめたい。

指導内容：指導内容は、設定したねらいに対応するその時々の具体的なねらいである。ねらいと指導内容は対応させて記載する。一つのねらいに複数の内容が設定されることもあるので、ねらいと指導内容には共通の番号を付しておくとわかりやすくなる[*10]。

*10　表5-7のねらいと指導内容の欄参照。

活動内容：活動内容は，「本日の主な活動」として記載される場合には，○○遊び，△△作り等の主活動だけでなく，自由遊びや朝の会，給食，絵本の読み聞かせ等，主活動以外の活動でねらいや内容が達成されることもあり，活動内容の欄には，これらの諸活動も列記しておく。

表5-4　日案の形式と記載事項

年月日・クラス名・クラスの人数・担任名		
幼児の実態		
ねらい		
指導内容		
活動内容		
活動の経過		
活動の場	教材・教具	環境構成の留意点
時間　予想される幼児の活動	保育を進めるうえでの留意事項	

活動の経過：本時の活動を中心に，その活動に至るまでの経過と，これからの展開について記載する。

環境構成：環境構成は，活動の場，教材・教具，環境構成の留意点に分けて記載する。活動の場は，子どもが活動する空間を図で示したものである。環境構成の留意点とは，「幼児の活動の展開に応じて，幼児とともに環境を再構成する」，「教材は少なめに用意しておく」，「最初から用意する教材は○○，子どもの要求に応じて出す教材は○○とする」等，環境構成上の配慮である。

保育実習等では，特定の活動だけの指導案，すなわち部分指導案を書くことがある。「絵本の読み聞かせ」の部分指導案を紹介しておきたい（表5-5）。日案で幼児の実態，ねらい，指導内容，活動内容，予想される幼児の活動，保育を進めるうえでの留意事項を書く際の参考にしてほしい。

3　保育課程・教育課程，指導計画作成の見直し

保育課程・教育課程や指導計画は保育にとっての出発点であり，その内容の妥当性について絶えず見直さなければならない。ねらいや指導内容が達成されているか，未来を生きる子どもにとって必要なねらいや指導内容が網羅されているか，卒園児は小学校に適応しているか，多くの保育方法の中で適切な方法を選択しているか，ねらいや指導内容に妥当性があるか等，原点に返って見直

表5-5 絵本の読み聞かせの部分指導案

○月○日（月）年中○組○名　担任氏名　　　実習生氏名

幼児の実態	・粘土で好きな動物を作ったことをきっかけに、動物ごっこをし、自分の好きな動物になって動作や声の真似をして遊ぶ姿が見られる。 ・絵本が大好きになり、好きな絵本を自分で読んだり、「先生読んで」と求めてくる子どもが多い。 ・絵本に対するいろいろな思いを口に出して言うようになった。 ・登場者の思いを感じ取る子どももいるが、ほとんどの子どもは表面的な事柄しか興味がない。 ・ほとんどの子どもは、少し長めのお話しでも最後まで興味をもって聞くようになったが、読み始めてしばらくすると興味を失い、隣の子をつついたり立ち歩いたりする子どもがいる。 ・クラスには、言葉の遅れがあり支援が必要なN児、多動傾向のあるK児がいる。N児は絵本への興味はあるが、話の内容は理解できない。K児は、友だちをつついたり話しかけたり、別の場所に移動したりする。
ねらい	1）絵本や物語を興味をもって聞き、想像する楽しさを味わう。 2）友だちの喜びや悲しみがわかり、共感しあう。
指導内容	1）お話全体のあらすじをつかみ、「誰が、何をして、どうなった」を友だちに話すことができる。 1）この後どうなるかを予想することを楽しむ。 2）主人公の主な場面での気持ちを考えようとする。
活動内容	登園・自由遊び・朝の会 主な活動：好きな動物の真似をしよう 昼食 絵本の読み聞かせ：「さるのひとりごと」 帰りの会

活動の場	教材・教具	絵本の選択理由
絵本が見やすいように下の図のように座る	絵本：さるのひとりごと	・最近子どもたちが興味をもっている動物が主人公である。 ・主人公が、うれしさ、悲しさ、怒り、寂しさ等を感じる場面が多く出てくる。 ・年中児にとって、長さと内容が適当である。

時間	予想される幼児の活動	保育を進めるうえでの留意点
13：10 13：25 13：40	・読む絵本の表紙を見せる。 ・表紙に何が書いてあるか尋ねる。 ・「おさるさんがなにをするお話なんだろう？」と問いかけ、意見を聞いた後、読み始める。 ・読み終えたら次の問いかけをする。 「このお話で誰が出てきたかな？」 「どんなお話だったかな？」 「どこがおもしろかった？」 「おもしろい言葉はあったかな？」 「おさるさんがしたことで、してはいけないことがあったよね。何だろう？」 いくつかの場面で「おさるさんはどんな気持ちかな？」 最後の場面で「おさるさんはどんな気持ちかな？」「どうしてうれしかったんだろう？」 絵本読みの終了	・子どもみんなに絵本が見えているか確認する。 ・子どもから出される意見はできるだけ受け止めて反応する。 ・次のことに気を付けて絵本を読む。 　できるだけゆっくり読む。 　次のページに進むとき、子どもが想像できるように間を取る。 　誰が言っているか分かるように声色を変えて読む。 　うれしい、悲しい、寂しい等の場面では、気持ちが伝わるように感情をこめて読む。 　時々N君の方を向いて、「N君、これは何かな？」等と語りかける。 　お話を聞いていない子どもがいるときは、「これは誰だろう」、「何してるのかな」と問いかける。 　問いかけた後、子どもが考える時間を取る。

したい。ひとりよがりにならないように，養成校の教員，経験豊かな保育者，保護者，小学校の教師の意見を聞いてみることも大切である。

表5-6は，指導計画に書かれるべきことが書かれているかをチェックするポイントを示したものである。定期的にチェックしていきたい。

表5-6 計画のチェックポイント

1. 子どもの発達過程（長期の計画の場合）あるいは子どもの実態（短期の計画の場合）を踏まえてねらいを設定し，ねらいを達成するための指導内容や活動内容を選択するという手順で作成されている。
2. ねらい，指導内容，活動内容など，指導計画に記載される各項目の意味と，具体的に何を書いたらよいのかが理解されている。
3. 乳幼児期に育てておくべき大切なものがねらいとして設定されている。
4. 子どもの発達に即したねらいや内容になっており，内容が具体的で，連続性と発展性がある。
5. ねらいと内容は保育期間，保育時間の中で確実に達成できる範囲に限定されている。
6. ねらいにふさわしい内容が設定され，ねらいと内容が対応している。
7. 計画に沿って日々の保育が実践され，計画と実践とが対応している。

● 演習課題

課題1：未来社会を生きる子どもたちのために必要だと思う「ねらい」を選んでみよう。
課題2：保育雑誌に掲載されている年間指導計画の問題点を指摘してみよう。
課題3：年齢や季節を決めて，その時期にふさわしい日案を作成してみよう。

● 参考文献

松村和子・近藤幹生・椛島香代『教育課程・保育課程を学ぶ-子どもの幸せを目指す保育実践のために-』，ななみ書房，2012.
今井和子・天野珠路・大方美香編著『独自性を活かした保育課程に基づく指導計画-その実践・評価-』，ミネルヴァ書房，2010.
北野幸子『保育課程論（新保育ライブラリ―保育の内容・方法を知る）』北大路書房，2011.

コラム　「自由」という能力を計画的に育てる

　中国のとある芸術幼稚園を訪問した時のことです。3歳児のクラスに入ると，壁の一面に子どもたちが描いたスイカの絵が展示してありました。すべての絵が，形も大きさも色も方向もみんな同じ，よく見ると種の数まで同じで1枚の絵のコピーが展示されているかのようでした。同行した日本の保育者は口をそろえて，「この園の教育はおかしい。絵は子どもの個性と心の表現なのに…」と評していました。4歳児クラスでは有名な画家の作品の模写が並んでいました。一同無言。最後に5歳児のクラスを訪れると突然歓声が上がりました。「えっ，何これ？すごい…」。様々な絵がどれもみな色彩豊かで，子どもが対象から感じたものが個性豊かに伸び伸びと表現されていました。下の写真はその中の1枚で「ひまわり」という作品です。1枚だけしか，それもカラーでお見せできないのが残念ですが，絵の素晴らしさが伝わるのではないでしょうか。

　園長に話をうかがいました。「絵画教育の目標は，子どもたちが自分の感じたものを自由に伸び伸びと美しく表現できる力を育てることです。自由に描くためには能力が必要です。対象を感じ取る力，形や大きさ，方向，遠近，重なりを表現する力，出したい色を選び作り出す力です。それらが身に付いたとき子どもは思い通りに自由に描けるようになり，個性を発揮することができます。子どもは絵を描くのが楽しくなり書くことが好きになります」。

　自由に対するこの考え方は，第4章で紹介したモンテッソーリ教育と共通のものがあります。モンテッソーリ教育の目的は「一人一人が自由な人間となり，個性的な生き方ができるようにすること」です。そのためにモンテッソーリ教育では「仕事」の時間（教具を使った活動の時間のことをいう）に子どもの敏感期にマッチした教具を選択し，正しい使い方をすることが求められます。自由を育てたいからこそ自由の一部を制限し，必要な能力を計画的・段階的に育てていくのです。

　目標をもって計画的に育てれば子どもはここまで育つというわかりやすい事例です。

写真5-3　作品「ひまわり」

第6章 保育の質を高める

　質の高い保育のもとで子どもは豊かに成長していく。保育の質の向上を図るため，2015（平成27）年４月に「子ども・子育て支援新制度」がスタートした。この制度は，乳幼児期の保育・教育の「量」の拡充だけでなく，「質」の向上を目指し，「保育の質」を高めるために，そこで働く保育者の処遇改善とともに，研修やキャリアアップの機会を充実させることが目的である。
　この章では，「保育の質」を高めるための記録の取り方，研修のもち方，環境構成，保育実践と評価のポイントについて考察する。

1 保育記録の取り方

（1）保育所保育指針・幼稚園教育要領における保育記録

　2018（平成30）年４月から施行された保育所保育指針（以下，保育指針）では，「保育記録」を取ることについて次のように書かれている。
　「保育士等は，保育の計画や保育の記録を通して，自らの保育実践を振り返り，自己評価をすることを通して，その専門性の向上や保育実践の改善に努めなければならない[1]」。
　この記述から，保育者（保育士・幼稚園教諭・保育教諭をいう）は，保育記録を取ることで自らの保育実践の中で子どもの姿の変容を通して客観的に振り返り，自己評価し，次の保育につなげていくことが求められていることがわかる。
　また，同じく2018年（平成30）４月から施行された幼稚園教育要領（以下，教育要領）では次のように述べられている。
　「指導の過程を振り返りながら幼児の理解を進め，幼児一人一人のよさや可能性などを把握し，指導の改善に生かすようにすること。その際，他の幼児と

1）厚生労働省『保育所保育指針』〔第1章総則 3（3）〕2017.

第6章　保育の質を高める

の比較や一定の基準に対する達成度についての評定によってとらえるものでないことに留意すること[2]」。

2）文部科学省『幼稚園教育要領』〔第1章総則 第4 4（1）〕2017.

この記述からも，自らの保育実践を振り返ることで幼児一人一人の成長の可能性を把握し，それを今後の保育にどう生かしていくかを考えていくことが保育者に求められていることが理解できる。自らの保育実践を客観的に振り返るために「保育記録を取る」のである。

（2）保育に生かす記録

記録の方法や形式等に決まったものはない。保育中の子どもの様子，印象に残った場面，保育を通して自分が思ったこと，どうしてなのだろうと思ったこと，考えていたようにはいかなかったこと等を書き留めてみることから始めてよいのである。初めは子どもの様子を書くことで精一杯かもしれないが，次第にそのときの子どもの気持ちを考えることができるようになってくるだろう。そして自分の保育を客観的に振り返り，今後の保育にどうつなげていけばよいのか，必要なことが徐々に見えてくる。これこそが記録を取ることの意味である。

1）記録の実際

保育記録は，一般的には遊びの場面や一人の子どもを追ってのエピソード記録として記述することが多いが，書き残したいことは保育者によっても異なり，また，そのときの状況や必要性によっても違ってくる。文部科学省の資料[3]を参考に記録の取り方の実際を紹介する。

3）文部科学省『指導と評価に生かす記録』チャイルド本社，2013，pp.24-35.

① 名簿に書き込む記録

新学期頃の子どもと保育者の関係がまだ十分でない時期に，一人一人の子どもの行動の特徴を把握するために有効な記録方法である。今日一日，どこで何をしていたかを名簿順に枠を作成し，一言記録することで，今後の保育の予想を立てることもできる。また，思い出せない子どもがいた場合，「十分に目の届いていない子どもがいる」という自分の保育の反省にもなり，明日につなげていくことができる。

② 一定の枠組みを決めて書く記録

欲しい情報を得るために，目的に応じて枠組みを決め，どの保育者も同じ形式で記録をする方法もある。この記録はコンピューターで管理し，保育者間で情報を共有することもできる。近年，保育現場ではこの方法が取り入れられている就学前施設（保育所・幼稚園・認定こども園をいう）も増えてきている。

③ 日案に書き込む記録

子どもの活動の様子をその日の日案に記録し，翌日，翌週の保育につなげよ

うとする方法である。この方法では，子どもの育ちの読み取りや自分の保育計画の妥当性について，実際のその日の保育実践と関連付けて振り返ることができる。

④　学級全体の遊びを空間的に捉える記録

あらかじめ印刷された園の環境図を用意し，子ども一人一人がどこでどんなことをして遊んでいるかを空間的に捉えて記録していく方法である。この記録は，子どもたちが友だち同士の遊びを活発に楽しめるようになった時期に特に有効である。遊びの中で子どもが何を経験しているかが記録できるようになると，保育者はどのような援助が必要なのかが見えてくる。継続して記録していくことで遊びや人間関係の広がりも見えてくる。

⑤　写真やビデオ等による記録

子どもの表情や動き，制作物，活動の様子等を記録に残すには，写真やビデオを活用することも多い。これは保育者の記録の手段としてだけでなく，保護者に保育の様子を伝える有効な手段の一つにもなる。近年はICレコーダーを保育者が身に付けて，自分の保育中の言葉掛けを記録し，自己理解や保育の振り返りに活用する方法も取り入れられている。

このような記録を保育に生かすためには，時間の流れにそって見直したり，場面ごとに省察を加えたりといった作業が必要になる。映像や写真だけではその意味や意図が伝わりにくい場合も多い。映像や写真を手掛かりとして，子どもの内面や保育者の意図をカンファレンスを通して考え合うことが重要である。

この方法は保育の共有や改善に有効であることから，園内研修や保育カンファレンスに活用されることが増えてきている。

（3）記録から読み取れること -記録することの意味-

次に紹介するのは，筆者が幼稚園教諭であった時に4歳児のクラスでの子どもたちとの話し合いの様子を記録したものである。

事例6－1　ブロックは誰のもの？　うさぎ組の話し合い 4歳　6月

朝の集会時。自由遊びの場面でA児がB児をたたいたことから…

保育者　　：「みんな仲良く遊べていますか？　困ったことないですか？」

ハイ，ハイ，とたくさん手があがる。

C児　　　：「私たちが遊んでたら，AくんとDくんがブロックでつくったものこわした」

E児　　　：「AくんとDくんがブロック使ったらいけんって言った」

F児　　　：「Aくんがたたいた」

第6章　保育の質を高める

保育者　：「Bくんはどうですか？」
B児　　：「AくんがGくんを泣かした」
保育者　：「そうなのね。Bくんは困ったことないの？」
B児　　：「Bくんはない」
E児　　：「Dくんが泣かした」
A児　　：「ぼくとDくんのことばっかりや」
保育者　：「そうだね。じゃあAくん来て。Aくんは困ったことないですか？」
A児　　：「ぼくは困ったことないけど、泣かしたことはある。10回くらい」
保育者　：「そう。じゃあ、Dくんはどうですか？」
D児　　：「ぼくは困ることない」
保育者　：「AくんとDくんは困ることないけど、ほかのお友だちはAくんとDくんのことで困ってるみたいね。今日の朝、Bくんが悲しい顔してました。ブロック使っちゃいけないって言われたって。ブロックは誰のものかな？」
F児　　：「みんなの」
G児　　：「せんせいの」
保育者　：「先生のじゃないよ、みんなのだよね。でもね、赤のブロックはAくんのだから使っちゃダメって言われたんだって。そして、緑はDくんのなんだって」
子どもたち：「ちがうよ。みんなのだよ」
保育者　：「そうだよね。Aくんどうかな？」
A児　　：「赤は誰が使ってもいい！　かしてやる」
保育者　：「Aくんは、赤のブロックは誰が使ってもいいって言ってるよ。Dくんは？」
D児　　：「緑も誰が使ってもいい」
H児　　：「わたしとCちゃんがブロック使ってたら、Aくんが女はだめって言った」
A児　　：「女でもいい！　使っていい」
保育者　：「女の子もブロック使いたいよね。何色だって使いたいよね。うさぎ組みんなのブロックだよね。みんなで覚えておこうね」
……………お弁当の後……………
男女を問わずクラスの多くの子どもたちがブロックに関わって遊ぶ。今までブロック遊びをしていなかった子どももいる。B児もいろんな色のブロックを使って満足気に遊ぶ。しかし…
B児　　：「Aくん。HちゃんがAくんの赤使っとるよ。だめなのにね。Aくんのなのにね」
B児がA児に言っている。

　　　　　この話し合いは、日頃からクラスのブロックがA児を含めた何人かで独占され、他の子どもたちが遊びたくても使えない状況になっていたことと、B児が自分の好きなように遊べず、悲しそうな表情をしていることをとりあげ、4歳

児なりにどうしたらよいか考え合いたいという思いから行ったことであった。そのやり取りを子どもが降園した後に改めて書き出してみたところ，それまでA児を含めた何人かの男児の問題だと捉えていたものが，実は問題はB児にあるのではないかと気付かされたのである。

　A児は話し合いの中で，自分と自分の友だちが女の子たちから日頃の行動を非難されていることにすぐに気付き，自分の行いを振り返り，修正しようとすることができた。そしてその日以降独り占めすることはなくなったのである。しかし，B児はいつもおもちゃをとられ，悲しい表情をしていたにもかかわらず「自分は困っていることはない」と話し，さらにクラスみんなでブロック遊びができるようになった状況で，A児に他の子が赤のブロックを使っていると言いつけている。

　このことからB児が自分の状況を理解することがまだ難しい段階であること，話し合いの意味を理解できていないこと，B児には個別な関わりが必要であること等を筆者は理解したのである。そしてB児に対する関わり方を見直し，保育の実践のなかでB児を個別に援助していった。

　これは一つの実践の記録にすぎないが，このように「保育記録を取る」ことで，子どもの姿を通して自らの保育を振り返り，その中から見つかった課題を次の保育計画に反映させていくことによって，明日の保育が子どもたちのよりよい成長につながっていくだろう。

2　研修の選択と実際

　保育者は質の高い保育を展開するため，その専門性の維持と向上を図るよう努めることが求められている。保育指針においても，保育の質の向上を図っていくためには，日常的に職員同士が主体的に学び合う姿勢と環境が重要であり，園内，及び園外での研修の充実が図られなくてはならないことが記述されている[4]。

4）厚生労働省『保育所保育指針』（第5章 3）2017.

（1）園内研修の実際

　保育現場では様々な「園内研修」が行われているが，その際に一番重要となるのが，前述した「記録」である。保育の「記録」を日々の保育指導や保育評価にどのように生かしていくのか，一人一人の子どもたちへの援助はどうあるべきなのか，保育者間で情報を共有しながら共に考え合うことが最も重要な「園内研修」であると考える。

　近年「フォトカンファレンス」と呼ばれる「園内研修」を行う園が増加して

第6章　保育の質を高める

いる（コラム参照, p.86）。従来の「記録」だけでなく，写真や映像を見ながら保育者がそれぞれの思いを語り，質問を出し合い，そのときの子どもの心に寄り添いながら，保育者のあり方について話し合い，よりよい保育について考え合う研修である。

いわゆる「保育現場における気になる子」への援助のあり方については，保育者のだれもが自身の課題と受け止め，日々悩んでいるところであるが，専門機関の講師を招聘しての「園内研修」と同様，「記録」による保育者同士の語り合いが園内で活発に行われることが望まれる。

（2）園外研修の選択

園外研修は，文字通り保育者が園外で研修を受けることである。研修には，幼稚園教員の新規採用教員研修*1，免許状更新講習*2等，全員が受講を義務付けられているものと，それぞれの保育者が園の許可を得て受講する任意のものとがある。

ベネッセ教育総合研究所が全国の就学前施設を対象に行った調査5)では，全体的に見ると「年に数回」という回答が多かったが，「園外研修」を受講する割合は国公立幼稚園が最も高く，「月に1，2回」の頻度で研修に参加する保育者が2割以上いることが明らかになっている。この背景として，特に国公立幼稚園の場合，子どもがいない時間が保育所・認定こども園，私立の幼稚園に比べて多く，勤務時間内に研修に出やすいことが考えられる。保育者は園外研修の必要性を痛感していても，研修に出る時間が確保されない，研修に参加しても勤務時間とはみなされない，超過勤務としても認められない等の現状もあり，「保育者の資質の向上」には，まずなにより「園外研修に参加する機会の保障」が必要であるといえる。

「園外研修」には① 都道府県が主催している研修，② 市町村が主催している研修，③ 幼稚園・保育所等の各団体が主催の研修，④ 大学・短大等が主催の研修，⑤ 出版社等が主催する研修，⑥ 特定の保育技術・技能等の取得のための研修，等がある。現在，都道府県主催の研修への参加が最も多いが，保育者自身の園での立場や課題に応じて，積極的に保育の質の向上のために必要と思われる園外研修に参加することが求められている。

また，2017（平成29）年4月に厚生労働省から発表された「保育士等キャリアアップ研修ガイドライン」に基づき，現在都道府県ごとにキャリアアップ研修も行われている。

*1　**新規採用教員研修**
　教育公務員特例法の改正により1992（平成4）年度から幼稚園等の新規採用教員に対して園外10日，園内10日の研修が義務付けられた。

*2　**免許状更新講習**
　免許状には10年間の有効期間が付され，有効期間を更新して免許状の有効性を維持するには2年間で30時間以上の免許状更新講習の受講・修了が必要である。

5）ベネッセ教育総合研究所『第2回幼児教育・保育についての基本調査報告書』2012, pp.103～105.

3 環境の構成と保育実践のポイント

　幼稚園教育要領解説中の「幼稚園教育の基本」に,「幼児期の教育は,…幼児期の特性を踏まえ,環境を通して行うものであることを基本とする。このため教師は幼児が身近な環境に主体的に関わり,環境とのかかわり方や意味に気付き,これらを取り込もうとして,試行錯誤したり,考えたりするようになる幼児期の教育における見方・考え方を生かし,幼児と共によりよい教育環境を創造するように努めるものとする[6]」と記されている。このことからわかるように,子どもの主体的な活動を促すように意図的計画的に環境を構成することが保育者の重要な役割の一つである。保育者は,乳幼児期に経験させたい「ねらいと内容」を理解し,その「ねらいと内容」を子どもたちが遊びや生活の中で展開できるように支援する。環境の構成は保育展開の過程のひとつであり,保育は次のように展開される。

6) 文部科学省『幼稚園教育要領解説』(第1章 第1節) 2018.

① 子どもを理解する。そのためにも保育の対象となる子どもの実態を把握する。
② 子どもの姿,ねらい及び内容を設定する。
③ ねらいと内容に沿って遊びや生活等子どもの活動を想定する。
④ 子どもの活動を促し,保育者が支援する環境を構成する。
⑤ 子どもが環境に関わって活動を展開する。
⑥ 保育者は,活動を通して子どもがその時期に必要な経験を得ていくような適切な援助を行う。
⑦ 子どもの状況や様子を見ながら子どもと共に環境の再構成を行う。
⑧ ①から⑦が適切であったかどうか検証し,質が保障された保育をつくり出していく。

　保育実践は,ある特定の場面における実践からテーマに基づく実践,長期にわたって取り組む実践にいたるまで様々な実践があるが,いずれにしても日々の遊びや生活実践を積み上げていくものである。子どもたちが遊びや生活を通して乳幼児期に必要な体験をすることで学び,その学びが確かな力になっているのかについて保育者,保護者及び保育関係者が一緒になって考えていくところに乳幼児期の保育の本質がある。

　環境の構成と保育実践について,筆者が幼稚園教諭であった時の4～5歳児クラスでのある出来事を発端に子どもたちと共につくっていった長期におよぶ一つの保育実践例から考えてみよう。

　次の実践は,子どもたちがカメの生態と自然環境,特に気温との関係を理解

第6章 保育の質を高める

事例6-2　幼児によるカメの飼育と気温の理解　4歳〜5歳

この実践は，次のような出来事から出発している。

●実践が生まれた背景

カメは，大雨の後，F幼稚園に迷い込んできた。見つけた保育者がとりあえず飼育ケースに入れてしばらく世話をしていた。飼育ケースの場所はホールから出るところの正面の壁側にあり，子どもたちがカメに直接的に関わることがなかった。

ある日，ホールから出てきた最後尾の5歳児の男児が，どのくらいの力でケースをパンチすると割れるのかを試そうとしてカメのいる飼育ケースを割ってしまった。最後尾の前にいた子どもの知らせに保育者は最悪の状況を予想したが，幸いにして子どもにけがはなかった。この出来事から，保育者はカメの存在を子どもたちに知らせていなかったことや子どもとカメの関わりがなかったことを反省し，カメのいる飼育ケースを保育室前に移動し，子どもがカメと関わりやすい環境をつくることにした。

5歳児は卒園し，引き継いだ4歳児が1学期から5歳児になるまでカメとの関わりが継続し，カメの冬眠と冬眠からの目覚めを観察した。

カメの飼育ケースの横に温度計が掛けてあり，温度計を通して季節の変化を客観的にとらえることができる環境になった。

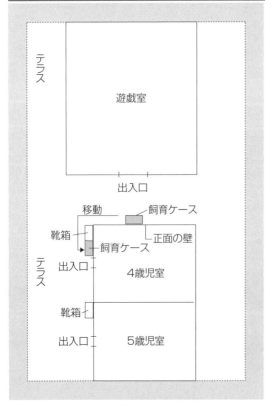

図6-1　保育室の見取図

するようになっていくまでの過程を示したものである[7]。

（1）実践経過

カメと関わる子どもの意識や行動の変化を4歳児1学期から5歳児3学期まで学期ごとに記録した。表6-1には4歳児1学期の子どもの姿を示した。なお表中の○印は情緒的理解と判断される子どもの言動を，●印は科学的理解と判断される子どもの言動を表している。紙面の都合で，実践の経過の一部と写真を添付する。

4歳児1学期の子どもの姿は表6-1のとおりである。新年度に入って4歳児クラスの保育室前にカメのいる飼育ケースを移動させ，子どもたちが飼育ケースの中にいるカメの存在に気付くようにした。その結果，カメ

表6-1　4歳児1学期の子どもの姿

子どもの言動　○情緒的理解 ●科学的理解	環境構成と保育者の援助	解釈
○登園すると必ずカメを見ている。 ○「おはよう」とカメに向かって声を掛ける。	・カメの飼育ケースは子どもの目に止まる場所に設置,登園時に靴を履き替える場所である靴箱の横に設置する。	・カメの飼育ケースを子どもたちの目に付く場所に設置したことは,毎日子どもがカメを見ることができる環境となった。
○カメに名前を付けようとする子どもがいる。		・カメに声を掛けたり餌を与えたりするようになった。またカメの名前を付ける子どもの姿にカメに親しみをもち始めていることが見て取れる。
●温度計を見ようとする。	・気温に興味をもたせるために子どもの目に止まる場所（カメの飼育ケースの横の柱）に温度計を掛ける。	・温度計を掛けたのは,プール遊びが始まり気温や水温について話をしたことからであったが,温度計をカメの飼育ケースの横の柱に掛けたことが子どもの温度計への興味を引いた。

写真6-1　4歳児2学期の姿

写真6-2　4歳児3学期の姿

写真6-3　冬眠したカメの絵

写真6-4　気温を意識した絵

に言葉を掛けたり餌を与えたり,カメと関わる姿が見られるようになった。

　写真6-1は,4歳児2学期の姿である。1学期には温度計を見るだけであ

ったが，温度計の目盛りを数える子どもの姿が見られるようになり，温度計に関心を持ち始めている。しかしこの時点では，気温とカメの生態については気付いていない。

写真6-2は，4歳児3学期の姿である。冬眠するカメを忘れないように自分たちから描いた絵には，カメの飼育箱の横に温度計が描かれるようになり，温度に対する関心が高まったことが読み取れる。

7）前田志津子「幼稚園での体験からの学び－幼児によるカメの飼育と気温の理解について－」日本生活体験学習学会，第12号，2012, pp.25～33.

（2）保育者の配慮

次第にカメの動きが鈍り冬眠することに気付いた幼児は，みんなでカメの冬眠の準備をし，飼育ケースに土を敷き，枯葉を被せて冬眠させた。

写真6-3は「冬眠したカメを忘れないように絵を描こう」と，子どもが描いた絵である。自分でカメに名前を付けているが，飼育ケースの隣に温度計が描かれている。

写真6-4の絵の中に「10うど」という表現があるが，冬眠させた時の気温は10度であったことを意識している。

年度が変わり4歳児クラスから5歳児クラスへ進級し，引き続きカメの観察を続ける。5歳児となった1学期4月20日（気温20度），冬眠から目覚め，動き始めたカメに気付く。

この実践は5歳児の終わりまで続いている。

筆者は，日々の保育実践にあたって次のことを心掛けた。

① 自発的な活動の重視：子ども一人一人が指示されて活動するだけでなく，年齢相応に自分で考え，自分で判断し，自分で行動することができるようにすること。
② コミュニケーション力の重視：保育者や友だちの話をしっかり聞くことができると同時に，自分の気持ち，自分の考え，自分の疑問等を積極的に表現できるようにすること。
③ 友だち関係が広がることの重視：遊びや生活等の様々な活動を通して友だちと体験を共有し，協働し，積極的に豊かな友だち関係をもつことができるようにすること。
④ 創造的に思考する力の重視：自然の変化に対する観察力，思考力や創造力の基礎を育てるとともに，知的好奇心を育み，探求心を深めるようにすること。

（3）実践の分析

実践では，子どもたちのカメとの関わりの様子について記録した資料を，情

緒的理解と科学的理解の視点から分析した（表6-1）。このような身近な事象を保育者が積極的にとらえ，率直に正面から取り組んでいくことは，子どもたちの学びの深化に非常に大事である。

4 保育評価

　子どもたちは遊びや生活を通して何をどのように学んでいるのか，そしてその学びが生きる力の基礎を育むために必要な体験となっているのか。その点について保育者は保育実践にあたって心掛けた点について指導の原則に基づき，子どもたちと共に自分たちの体験を確認・検証することが重要であると考える。

　事例6-2の実践は，子どもの姿を情緒的理解と科学的理解の視点からとらえたものである。カメと関わる体験を通して，子どもはカメの動きの変化から冬眠と気温との関係に気付いていくが，これは科学的理解の芽生えであると考えられる。4歳児の1学期は，カメにあいさつをしたり，名前を付けたりする等の愛情表現的な行動が多く，情緒的理解の段階にある。しかし，2学期になると，餌の量の変化や温度計の目盛りへの関心等の科学的理解へと進んでいく。5歳児になって，子どもたちはカメが冬眠から目覚めるということを観察した。この観察を通して生命の不思議さに感動したが，これは情緒的理解の深まりである。

　5歳児の3学期までの経過の中で，子どもの言動を情緒的理解と科学的理解という視点でとらえたが，必ずしも情緒的理解から科学的理解へと単純に発展していくのではなく，カメに対する情緒的理解がともなわなければ科学的理解も深まらないことがわかる。最初はカメに関心をもち，愛情を感じる情緒的理解から出発し，その中で「知りたい」という欲求が高まり，それがカメの行動への好奇心を強め，科学的理解へとつながっていくのである。

（1）実践の振り返り

　この実践では，子どもたちとカメの関係は，単に動物の世話をするという飼育体験の域を超え，カメという飼育動物と環境との関係をとらえることができるものとなった。その理由として次の点が考えられる。

① 4歳児から5歳児までの年度を越えた2年間で，春夏秋冬を通して季節によるカメの生活の変化を学んだこと。
② 保育者がカメの飼育ケースの横の柱に温度計を掛けたことによって，カメの生態と気温との関係に興味をもつ環境の構成になったこと。
③ カメの飼育が当番制やグループの役割として義務付けられたものではな

く，子どもの思いに委ね，子どもが自主的に飼育し，学習していくものであったこと。
④ 子どもの気付きを受け止め，保育者が学級の集会等で，全体に伝え合うことで，カメに関する情報を共有できたこと。

（2）環境の構成としての温度計

環境の構成としての温度計は，当初プール遊びが可能であるか否かを知る手掛かりとして用いるためのものであった。しかし，カメの生態と関連付けることで，子どもはカメが冬眠する気温，冬眠から目覚める気温を意識するようになった。特にカメの目覚めについては，その瞬間の感動とともに，気温を数値として捉え，さらに同じ気温であってもカメが目覚めるためには他の条件が整っていなければならないことも感じている。温度計に関していえば，単に見るだけの温度計から数値として理解する温度計へと進化していった。子どもたちは，その温度（数値）がカメの生態とつながることを実感し，さらに自分たちの生活についても寒暖差といった温度と深く結び付いていることに気付いた。

このように，カメを飼育する環境の中に温度計を一つ置くだけで，環境がとても豊かなものになるといえる。

5　保育の質を高める

保育の質とは，Starting Strong IV[*3]によると「子どもたちが心身ともに満たされ，より豊かに生きていくことを支える保育の現場が準備する環境や経験のすべてである」とされている。そのため，先にあげた事例6-2の実践からもわかるように，保育を可視化する保育者の力量と環境の整備が保育の質を高めることにつながるといえるだろう。

「保育所等における保育の質の確保・向上に関する検討会」では，2017（平成29）年に保育指針が改定されたこと等を踏まえ，子どもの健やかな育ちを支え，保育の質を確保・向上させるための具体的な方策等が検討されている[8]。保育の質を主として「内容」「環境」「人材」の3つの観点からとらえ，それぞれ観点ごとに基準を定めて推進していくという。「内容」は，継続的な保育の振り返りを通じた保育内容の充実であり，「環境」は保育の環境や業務運営の工夫・改善，「人材」はキャリアアップを通じた保育士等の資質・専門性の向上の課題である。また，全日本私立幼稚園幼児教育機構が進めている研究の一つにECEQ公開保育がある。ECEQ（Early Childhood Education Quality System）とは，自園の保育実践の向上につなげるため，幼稚園等が園内研修の一環とし

---

*3　先進諸国の持続的な経済発展を支える一つの柱が幼児期の基礎教育にあるという考え方のもとに，OECD（国際経済協力開発機構）が2001年と2006年に提唱した。「人生の始まりは力強く」という意味である。この考え方に影響を受けた日本も教育基本法の改正（2007年）に続いて，幼稚園の学校化（2010年），保育所の幼児教育機関化（2011年）を打ち出した。
OECD, Starting Strong IV, 2015.

8）厚生労働省子ども家庭局『保育所等における保育の質の確保・向上に関する検討会基礎資料』2018, p.6.

て公開保育を実施し，参加者の視点を生かしながら，公開園と共に保育を語り，学び合う仕組みである。

このような動きのなかに子どもの育ちの実態や社会の情勢，子どもたちが迎える未来社会を受け止めながら，保育の質を高めていかなければならない。

● 演習課題

課題1：保育実習中の記録から子どもの気持ちを読み取ってみよう。

課題2：本文中の事例6-2の飼育環境例を参考にして，様々な飼育環境構成について話し合ってみよう。

課題3：保育者を目指す学生として，自分の長所と課題を見つけよう。

● 参考文献

厚生労働省『保育士等のキャリアアップ研修ガイドラインの概要』2017.

高山静子『環境構成の理論と実践-保育の専門性に基づいて』エイデル研究所，2014.

無藤 隆・汐見稔幸・砂上史子『ここがポイント！3法令ガイドブック-新しい「幼稚園教育要領」「保育所保育指針」「幼保連携型認定こども園教育・保育要領」の理解のために-』フレーベル館，2017.

第6章 保育の質を高める

コラム　フォトカンファレンスとラベルワーク

　就学前施設においては様々な「園内研修」が行われていますが，福岡県のある幼稚園での，「ラーニングストーリー」の手法を取り入れた，大変興味深い「園内研修」を紹介しましょう。
　「ラーニングストーリー」は，第4章（p.57～）で紹介したように，1996（平成8）年にマーガレット・カーによって考案されたもので，現在ニュージーランドの多くの保育・教育現場で用いられている観察記録の方法です。
　福岡県のK幼稚園では，ラーニングストーリーを活用し，園内で保育者が撮った子どもの写真を全員で検討する「フォトカンファレンス」や，テーマに沿って子どもの見方や自分の考えをラベルに書き，模造紙に貼って全員で検討する「ラベルワーク」と呼ばれる「園内研修」を行っています。
　フォトカンファレンスでは，写真を撮った保育者は，どうしてこの写真を撮ったのかを言葉で説明し，子どもの見方・自分の保育のあり方を他の保育者に語ります。その後にお互いに質問を出し合います。写真という視覚的な手掛かりがあるために，新任からもベテランからも次々と具体的な質問が出てきます。また，ラベルワークでは，ラベルに自分の意見を書き，みんなで話し合うための資料とします。保育者は一人一人異なる保育観をもっています。お互いに自分の撮った写真や，自分が書いた意見をもとに語り合いながら，保育の質を高める保育実践について，みんなで共通確認していくのです。
　いかがですか？　皆さんもやってみませんか？

写真6-5　ラベルワークを行う保育者たち

第7章 子育て支援，家庭・地域との連携

　本章では，日本の子ども・子育て支援施策の歩み，子育て支援において重要な役割を担う就学前施設（幼稚園・保育所・認定こども園をいう）での子育て支援の内容や実施に関する留意点，参考となる諸外国の子育て支援について説明し，そこから明らかになる日本の子育て支援の課題について述べる。また，家庭や就学前施設での子育てや教育を支える地域社会との連携について，現状と課題を示していく。

1　日本の子育て支援の現状と課題

(1) 子育て支援の歩み

1) 少子化対策から子育て支援へ

　日本の子育てや子どもの保育に関わる環境は，核家族化の進展や，兄弟姉妹数の減少，共働き家庭の増加，地域とのつながりの希薄化等，様々な面で変化してきており，子育てに不安や孤独を感じている保護者は少なくない。そのような現状の中で，子どものよりよい育ちを実現するために，それぞれの地域や家庭の状況に応じた子育てへの支援が行われてきた。

　「子ども・子育て白書」〔内閣府，2010（平成22）年版〕によると，我が国での子育て支援施策は，「少子化対策」から始まり，その後，社会全体で子どもと子育てを応援する社会を実現するための「子ども・子育て支援」へと考え方が転換してきた。図7-1を参照しながらその足跡を遡ってみよう。

　政府は，1990（平成2）年の「1.57ショック*1」を契機に，出生率の低下と子どもの数の減少傾向について問題として認識し，仕事と子育ての両立支援等，子どもを生み育てやすい環境づくりに向けての対策について検討を始めた。

　1994（平成6）年には，今後10年間に取り組むべき基本的方向と重点施策を

*1　前年の1989（平成元）年の合計特殊出生率が，「ひのえうま」という特殊要因により過去最低であった1966（昭和41）年の合計特殊出生率1.58を下回ったことが判明した時の衝撃をいう。

第7章　子育て支援，家庭・地域との連携

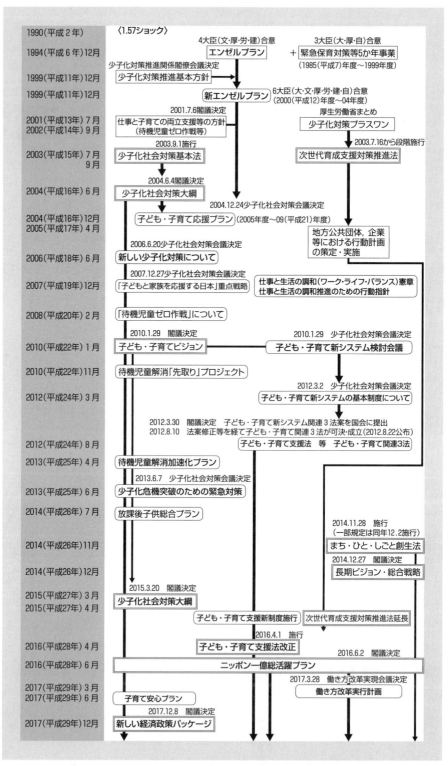

図7-1　これまでの少子化対策・子育て支援の取り組み

出典）内閣府『平成30年度少子化社会対策白書』2018.

1 日本の子育て支援の現状と課題

定めた「今後の子育て支援のための施策の基本的方向について」(エンゼルプラン)が策定された。その後1999(平成11)年に,エンゼルプランの見直しのため,「少子化対策推進基本方針」と,この方針に基づく重点施策の具体的実施計画として「重点的に推進すべき少子化対策の具体的実施計画について」(新エンゼルプラン)が策定されている。2003(平成15)年には,家庭や地域の子育て力の低下に対応して,次世代を担う子どもを育成する家庭を社会全体で支援する観点から,「次世代育成支援対策推進法」が制定された。

　こうした対策にもかかわらず,2005(平成17)年には,我が国が1899(明治32)年に人口動態の統計をとり始めて以来,初めて出生数が死亡数を下回り,出生数は106万人,合計特殊出生率は1.26と,いずれも過去最低を記録した。予想以上の少子化の進行に対処し,少子化対策の抜本的な拡充,強化,転換を図るため,2006(平成18)年,少子化社会対策会議において「新しい少子化対策について」が決定された。少子高齢化についての厳しい見通しや議論を踏まえて,働き方の見直しによる仕事と生活の調和の実現を目指し,2007(平成19)年に「仕事と生活の調和(ワーク・ライフ・バランス)憲章」及び「仕事と生活の調和推進のための行動指針」が決定された。2010(平成22)年には,少子化社会対策大綱(「子ども・子育てビジョン」)の閣議決定に合わせて,少子化社会対策会議の下に,「子ども・子育て新システム検討会議」が発足し,新たな子育て支援の制度について検討を進めた。2012(平成24)年に「子ども・子育て新システムに関する基本制度」を少子化社会対策会議において決定し,同年8月に子ども・子育て関連3法*2が成立した。また,都市部を中心に深刻な問題となっていた待機児童の解消の取り組みを加速化させるため,2013(平成25)年4月には,新たに「待機児童解消加速化プラン」が策定された。同年6月には,少子化社会対策会議において「少子化危機突破のための緊急対策」を決定し,緊急対策では,これまで少子化対策として取り組んできた「子育て支援」及び「働き方改革」をより一層強化するとともに,「結婚・妊娠・出産支援」を新たな対策の柱として打ち出すことにより,これらを「3本の矢」として,結婚・妊娠・出産・育児の「切れ目ない支援」の総合的な政策の充実・強化を目指すこととし,2015(平成27)年度より子ども・子育て支援新制度が施行されることになった。

2) 子ども・子育て支援の意義と目的

　2015(平成27)年度施行の子ども・子育て支援新制度に先立って,内閣府が2014(平成26)年に告示した子ども・子育て支援法に基づく基本指針*3の冒頭に,子育て支援に関する意義や目的が述べられている。

*2 「子ども・子育て支援法」,「認定こども園法の一部改正法」,「子ども・子育て支援法及び認定こども園法の一部改正法の施行に伴う関係法律の整備等に関する法律」のこと。

*3 内閣府が2014(平成26)年に告示した「教育・保育及び地域子ども・子育て支援事業の提供体制の整備並びに子ども・子育て支援給付及び地域子ども・子育て支援事業の円滑な実施を確保するための基本的な指針」のこと。

第7章　子育て支援，家庭・地域との連携

「第1　子ども・子育て支援の意義に関する事項」には，「我が国における急速な少子化の進行並びに家庭及び地域を取り巻く環境の変化に鑑み，児童福祉法その他の子どもに関する法律による施策と相まって，子ども・子育て支援給付その他の子ども及び子どもを養育している者に必要な支援を行い，もって一人一人の子どもが健やかに成長することができる社会の実現に寄与する[1]」という子ども・子育て支援法の目的を掲げている。

さらに，「子ども・子育て支援とは，保護者の育児を肩代わりするものではなく，保護者が子育てについての責任を果たすことや，子育ての権利を享受することが可能となるよう，地域や社会が保護者に寄り添い，子育てに対する負担や不安，孤立感を和らげることを通じて，保護者が自己肯定感を持ちながら子どもと向き合える環境を整え，親としての成長を支援し，子育てや子どもの成長に喜びや生きがいを感じることができるような支援をしていくことである[2]」として，子ども・子育て支援の意義が示されている。

以上の目的や意義からもわかるように，子育て支援は，障がい，疾病，虐待，貧困等の家族の状況や，その他の事情によって，社会的な支援が必要な子どもやその家族を含め，全ての子どもや子育て家庭を対象とするものである。子どもは国の未来をつくる存在であり，子どもの健やかな育ちと子育てを支えることは，一人一人の子どもや保護者の幸せにつながることはもとより，我が国の未来への重要な投資であり，社会全体で取り組むべき最重要課題の一つなのである。

（2）保育の中の子育て支援

ここまでは，近年の日本の子育て支援施策の歩みをみてきた。田中敏明他の保護者の育児についての調査によると，「子どもに対する接し方がわからない」「子どもが一人でいるときに見てくれる人がいない」等の保護者の悩みが増えているという結果が出ている[3]。子育て支援は，子育てに取り組んでいる保護者への支援であり，乳幼児期の子どもたちとその保護者に日々直接的に関わっている就学前施設と子育て支援とは切り離しては考えられない。就学前施設では，どのような子育て支援が実施されているのだろうか。ここでは，2006（平成18）年に我が国の新しい就学前施設として開設された，幼保連携型認定こども園の教育及び保育の実施に関する基本的事項が明記されている「幼保連携型認定こども園教育・保育要領」及び，その解説書を参考にして，就学前施設における子育て支援の内容や実施する際の留意点についてみていく。

「幼保連携型認定こども園教育・保育要領 第4章　子育ての支援」の冒頭に，「幼保連携型認定こども園における保護者に対する子育ての支援は，子どもの

---

1) 内閣府『教育・保育及び地域子ども・子育て支援事業の提供体制の整備並びに子ども・子育て支援給付及び地域子ども・子育て支援事業の円滑な実施を確保するための基本的な指針』2014, p.2-3.

2) 内閣府，前掲書1) と同じ, 2014, p.9.

3) 田中敏明他「幼児の生活と幼児を持つ親の育児観の変容 -1995年と2015年との比較を通して-」九州女子大学紀要, 53（2）, 2017, pp.25-42.

1 日本の子育て支援の現状と課題

利益を最優先して行うものとし，（中略）子どもの育ちを家庭と連携して支援していくとともに，保護者及び地域が有する子育てを自ら実践する力の向上に資するよう，次の事項に留意するものとする[4]」と記述されている。以下，子育て支援に関して留意すべき内容についてみていく。

1) 保護者の自己決定を尊重する子育て支援

> 第4章　子育ての支援　第1　子育ての支援全般に関わる事項
> 1　保護者に対する子育ての支援を行う際には，各地域や家庭の実態等を踏まえるとともに，保護者の気持ちを受け止め，相互の信頼関係を基本に，保護者の自己決定を尊重すること[5]。

保育者（幼稚園教諭・保育士・保育教諭をいう）は，日常的な子育て支援として，毎日の送迎時における保護者との会話や連絡帳でのやり取り，面談等でコミュニケーションの機会を取る等によって，保護者と信頼関係を築き，子育てにおける心配や悩み事を受け止めることが必要である。保護者の気持ちを受け止める際は，カウンセリングマインドに基づく，相手を思いやる気持ち，変化に気付く注意力，しぐさ・表情・言葉から対象者の内面を読み取る等の保育者の専門性を生かす。そして「子どもの最善の利益[*4]」を踏まえながら，子どもの睡眠や栄養状況を気にしない，衛生的な環境を用意しない，保護者優先の生活状況である等，不適切と感じられる行動までを肯定するのではないが，相互の信頼関係を基本に，最終的には保護者の自己決定を尊重することが大切である。

2) 保護者が子育ての喜びを感じられる子育て支援

> 2　教育及び保育並びに子育ての支援に関する知識や技術など，保育教諭等の専門性や，園児が常に存在する環境など，幼保連携型認定こども園の特性を生かし，保護者が子どもの成長に気付き子育ての喜びを感じられるように努めること[6]。

保護者は，日常的には，保育者からの連絡帳による記述や，送迎時に目にする園内の雰囲気や子どもが家に帰ってから話す程度でしか園の様子を把握できていない。保育参観の機会を設けることで，子どもが実際にどのような活動をしているのかを知るだけでなく，家庭では見せない我が子の別の一面や，他の子どもや保育者との関わり方や，同年齢の子どもと比較しての成長の程度も知ることができる。普段は立ち入ることのない園環境を見ることも可能である。

また，一歩進んで保育参加の機会を設け，保護者が，活動の準備や進行等，保育者の手伝いをしたり，図書の貸し出しや絵本の読み聞かせ，楽器の演奏や合唱の披露等をしたりすることで，子どもたちや保育者との距離が縮まり，お

---

[4] 内閣府・文部科学省・厚生労働省『幼保連携型認定こども園教育・保育要領』（第4章）2017.

[5] 前掲書4）と同じ

*4　子どもの権利条約第3条1項に「児童に関するすべての措置をとるに当たっては，公的若しくは私的な社会福祉施設，裁判所，行政当局又は立法機関のいずれによって行われるものであっても，児童の最善の利益が主として考慮されるものとする」と規定されている。「子どもにとって最善のこととは何か」という視点から考えるということである。

[6] 前掲書4）と同じ

第7章　子育て支援，家庭・地域との連携

互いの親密度が増すこともある。普段から子どもたちに接している保育者の気持ちや立場を理解することにもなる。

そのような直接的な体験を通して，保護者が子どもの成長に気付き，子育ての喜びを感じることにつながるだろう。

3）地域の関係機関等との連携及び協同を図る子育て支援

> 3　保護者に対する子育ての支援における地域の関係機関等との連携及び協働を図り，園全体の体制構築に努めること[7]。

7）前掲書4）と同じ

保護者に対する子育て支援では，状況に応じて地域の関係機関等との連携を密にし，それらの専門性の特性と範囲を踏まえたうえでの支援を心掛けることが必要である。

主な関係機関や関係者には次のようなものがある。

市町村（保健センター等の母子保健部門・子育て支援部門等），要保護児童対策地域協議会，児童相談所，福祉事務所（家庭児童相談室），児童発達支援センター，児童発達支援事業所，民生委員・児童委員，教育委員会，小学校，中学校，高等学校，地域子育て支援拠点，地域型保育施設（家庭的保育，小規模保育，居宅訪問型保育，事業所内保育），ファミリー・サポート・センター等。

8）厚生労働省ホームページより
　「児童相談所運営指針 第1章 児童相談所の概要」
　「民生委員・児童委員について」
　「子育て援助活動支援事業（ファミリー・サポート・センター事業）について」

上記の機関や関係者との連携について，その事業内容をいくつか説明する[8]。

児童相談所は，市町村と適切な役割分担・連携を図りつつ，子どもに関する家庭その他からの相談に応じ，子どもが有する問題や子どものニーズ，子どもの置かれた環境の状況等を的確にとらえ，個々の子どもや家庭に最も効果的な援助を行う。それによって，子どもの福祉を図るとともに，その権利を擁護すること（相談援助活動）を主たる目的として都道府県等に設置される行政機関である。

民生委員・児童委員は，地域の推薦を受けて厚生労働大臣から委嘱され，それぞれの地域において，住民の立場に立って相談に応じ，必要な援助を行い，社会福祉の増進に努める。子育てや介護の悩みを抱える人，障がいのある人，高齢者等が孤立し，必要な支援を受けられないケースがないように，民生委員・児童委員が地域住民の身近な相談相手となり，支援を必要とする住民と行政や専門機関をつなぐパイプの役割となることが期待されている。

ファミリー・サポート・センターは，乳幼児や小学生等の子どもを有する子育て中の労働者や主婦等を会員としている。子どもの預かりの援助を受けることを希望する者と当該援助を行うことを希望する者とに関する連絡，調整を行う等，地域子ども子育て支援事業を実施する相互援助組織である。

4）プライバシーの保護を考えた子育て支援

> 4　子どもの利益に反しない限りにおいて，保護者や子どものプライバシーを保護し，知り得た事柄の秘密を保持すること[9]。

保護者に対する子育ての支援に当たっては，コミュニケーションを図ることが必要であり，時には，立ち入った家庭での出来事や保護者の仕事の話になったりすることもある。そのような場合も，保護者や子どものプライバシーや知り得た事柄の秘密保持は子どもの利益に反しない限り遵守しなければならない。

反対に，プライバシーの保護という観点から，子どもが危険にさらされたりすることがないよう気を付ける必要がある。また，子どもの利益やニーズよりも，保護者や保育者の都合が優先されていないかどうか，子どもを一人の人間として尊び，人間の尊厳を重んじる心や行為をおろそかにしていないかどうかも常に考えて支援することが重要である。

（3）諸外国の子育て支援

ここからは，諸外国には，どのような子育て支援があるのかみていく。海外の子育て支援には，保護者の参加を促進するよう工夫された取り組みが多くみられる。

ニュージーランドのプレイセンター[*5]では，子どもが，保育施設にいる時間だけ良好な環境に身を置くのではなく，家に帰ってもよい環境で養育されることが大切であるという考えに基づいて，保護者が子どもの養育力を向上させながら，センターの指導者としても養成されるという独自の学習プログラムを提供している。そのため，保護者が保育者役を経験し，運営まで行うこともある。これらの経験は，保護者に子育ての自信を与えることにもつながっている。

スウェーデンでは，保育施設の約8割は，コミューン（市町村）により設置，経営されているが，保護者が組合をつくり，保育士を雇う民間保育施設もある。もともとは待機児童対策の一環で，保護者に施設の運営を任せるというねらいであった[*6]。しかし，始めてみると保護者同士が親密になり，保護者も自分たちの考えを保育に反映できるということで満足度も高くなった。また，保育者と保護者が率直に意見を出し合い，相談して物事を決めていく，保護者に確認しながら改善していくために，オープンに決め，細かく話し合うという体制も見られる。

イギリスでは，1997（平成9）年から，既存のナーサリースクールを活用して，子どもへの保育の質的向上と保護者の学びやネットワークづくりをねらった「アーリー・エクセレンス・センター[*7]」という総合的施設を増やしていっ

9）前掲書4）と同じ

*5　プレイセンター
　子どもの自発的な遊びを通じて教育を行うニュージーランドの施設のことで，子どもの成長と同時に保護者の成長も促進することを目的としている。

*6　スウェーデンでは1995（平成17）年より，自治体は，保護者が保育施設に入園を申し込んでから3～4か月以内に入園できることが法律で義務付けられているため，待機児童問題は解決している。

*7　アーリー・エクセレンス・センター
　1997（平成19）年当時，教育雇用省の管轄であったナーサリースクールと，保健省の管轄であったデイ・ケアを統合した施設である。

た。子どものための質の高い教育と保育サービスが一体的に受けられるだけでなく，保護者が学べるコースを設け，職業訓練やヨガ等のレクリエーションを行ったり，カウンセリングのサービスも提供している。地域のコミュニティの拠点でもあり，子どもがいない人も立ち寄って子どもと触れ合うことができる，地域の子育ての質が高まるような施設である[10]。

フィンランドの子育て支援ネウボラ（neuvola）は，アドバイス（neuvo）の場という意味で，妊娠期から就学前までの子どもの成長・発達の支援はもちろん，家族全体の心身の健康サポートも行われている。ネウボラはどの自治体にもあり，基本的には支援を受けた当初と同じ担当者が継続的にサポートをするので，お互いに信頼関係が築きやすく，問題の早期発見，予防，早期支援につながっている。我が国でも，全国の市町村でネウボラ日本版の導入が始まっており，厚生労働省もフィンランドをモデルにした妊娠，出産，子育ての包括的支援拠点づくりを各自治体に奨励している。

以上のように，諸外国の子育て支援政策には，① 資金や場所を提供するだけでなく，保護者の参加や教育を促進している，② 保護者同士のつながりができるようなプログラムを設定している，③ 地域住民も，子どもがいなくても施設を利用することができる，④ 保育者と保護者が子どものために対等に話し合ってプランを練る等の特色がある。

（4）日本の子育て支援の課題

これまでの日本の子育て支援事業は，それぞれの時期に生じた課題に対処していくという対症療法的対応がなされ，「理念なき支援」といわれることもあった[11]。諸外国の事例にみられるように，手間がかかっても保護者や利用者の意見を取り入れながらオープンに事業を決め，確認しながら改善していくという方法が大切で，子どもの成長自体にも保護者の子育てについても地に足をつけた未来が描けるようなストーリー性が必要なのではないだろうか。そのためには，支援者としての保育者はもちろん，保護者や利用者も事業者側にお任せではなく，一緒に学んでいくことが大切であり，事業者や保育者は，保護者や利用者がそのような前向きな気持ちになれるような雰囲気やプログラムを用意することが重要になる。

2　就学前施設と地域との連携

ここまで，日本の子ども・子育て支援施策の歩み，就学前施設での子育て支援の内容や実施に関する留意点，参考となる諸外国の子育て支援をみることに

---

10) 池本美香「諸外国の子育て支援のどこに学ぶか」法律文化，第267号，2006.

11) 日本保育協会『みんなでつながる子育て支援-地域における子育て支援に関する調査研究報告書』2010, p.22.

よって，日本の子育て支援の課題を指摘した。ここからは，就学前施設や家庭が子育てを行っていくために密接な関係が必要な「地域社会」との連携について現状と課題をみていく。

（1）就学前施設と地域との連携の現状

1）子育てにおける地域連携の必要性

　子育ては，保護者が家庭の中だけで行うのではなく，居住している地域の中で，保護者同士や地域の人々とのつながりをもち，地域社会に参加していこうという意識をもちながら行うことが大切である。それは，一方通行の関係性ではなく，地域の人々も子育て中の保護者へ目を向け，声を掛けることが重要となる。家庭，地域，施設等が連携して，子どもの生活の場となるよう，地域の中で双方向的コミュニケーションをもって子どもを育むことが必要となるわけである。就学前施設には，地域における子ども・子育て支援の中核的な役割を担うことが期待されている。施設内で行う行事に地域の人々に参加してもらうことで地域の人々と関わりをもち，子どもたちの成長の様子を一緒に喜んでもらったり，同じ時間を共有する楽しみをもってもらうことも大切である（写真7-1）。地域及び社会全体が，子育て中の保護者の気持ちを受けとめ，寄り添い，支えることを通じて，保護者が子育てに対して不安や負担感ではなく喜びや生きがいを感じることができることが望まれている。

2）地域社会との協働

　就学前施設の理念や方針は，ホームページ，文書，スローガンを掲げただけで浸透するものではなく，就学前施設の代表者が中心となって，常に組織としての役割や使命，目標や将来の展望を表明する必要がある。その場合，就学前

写真7-1　地域との交流
年中・年長児が，運動会の招待状をご近所に直接渡しに行った。

施設内や保護者だけに留まらず，広く地域や社会に表明することも重要である。

　子どもたちは，家庭や就学前施設だけでなく，地域の中で育てられている。家庭と就学前施設，地域社会が一体となってよりよい子育てを実践していくことが大切である。子どもの生活が地域社会とつながって，就学前施設から帰宅した後でも地域の中で生き生きと活動し，地域の人たちからも見守ってもらえるように，それぞれの就学前施設の保育・教育目標や計画の中に，地域との連携をはっきりと位置付けておかなければならない。

　地域の施設との交流として，子どもたちが高齢者福祉施設へ訪問をすることもある。核家族化の影響もあって，日常的にお年寄りと接する機会が少ない子どももいることから，当初の訪問ではお年寄りとの接し方で戸惑っている様子も見られたが，回を重ねるうちに，「折り紙のお土産を持ってきたよ」「新しい歌を習ったけど，おじいちゃん知ってる？」「おばあちゃん，あやとりを教えて！」等，積極的に交流をする姿も見られるようになった。

　最近では，住宅地の中に新しい就学前施設を新設しようとすると地域で反対運動が起こり計画が挫折することも少なくない。このような状況の中で，運動会の練習で大きな音が出る，園児が近所に散歩に出かける（写真7-2），就学前施設のバスが地域内の狭い道を通る，保護者の送り迎えの自家用車や自転車が路上に駐車・駐輪する等，地域に迷惑をかけそうな場合でも，日頃からの就学前施設と地域の間によい関係が築かれている場合には穏便に事が運ぶこともある。就学前施設のにぎわいをほほえましく感じてもらえるか，鬱陶しく感じられてしまうかは日頃の付き合い方がものをいう。園だよりや行事の際の案内を，近隣に配付し，興味や関心ももってもらう等，日頃からの交流が大切である。

写真7-2　散歩の途中で
散歩の途中で，近所のおじいちゃんから畑で採れた栗をいただいた。

3）地域の物的・人的資源の活用

　昨今の子どもたちは，情報化社会の中で多くの間接的情報に囲まれて生活しているが，実際に自然と触れ合ったり，地域で異年齢の子どもたちと遊んだり，高齢者をはじめ幅広い世代の人々と交流する等の直接的で具体的な体験は不足している。このような状況からも，地域の物的資源・人的資源を大いに活用し，子どもに日常の生活だけでは味わえない感動や，豊かな経験が得られる機会を積極的に設けていくことが必要である。

　例えば，各地域には，祭りや運動会，神事に関わる行事等の地域行事や，永年にわたって伝えられてきた文化や伝統がある。これらに触れることで，子どもたちが日本やその地域が長い歴史の中で育んできた伝統や文化の豊かさに気付くこともあるだろう。また，地域の行事等に参加することで，地域文化を守っていこうとする気持ちを育てていくことにもなる。地域行事に子どもが参加する時には保護者も同行する場合もでてくる。それらの行事に参加することで，子どもの心や生活が豊かになったり，子どもが育っていく地域社会の環境を守るということにつながっていく。保育者は，保護者に参加することの目的や意義を知らせておくことも大切である。

　就学前施設は，地域の子育て支援センターとしての役割が求められている。園で行う運動会やバザー等の行事を通して，保護者だけでなく，卒園児（写真7-3）や地域の人とも関わりをもち，子どもたちの成長の様子を喜んだり，同じ時間を共有する楽しみをもつことができるように工夫する必要がある。さらに，子どもを在園させていないが近所で遊び相手や場所がない，子育て相談する人がいない等，地域には様々な保護者がいる。園庭開放や育児講座，相談コーナーを設ける等，地域全体の子育ての充実のために，役割を果たすことも重要である。

写真7-3　卒園児との関わり
卒園児が成長して中学生のお兄さん，お姉さんとなり，職場体験として絵本の読み聞かせをしてくれた。

4）危機管理のための地域連携

　危機管理の観点からも，子どもや保護者が事件や事故に巻き込まれないよう，積極的に地域住民と触れ合い，互いに顔なじみになり，声を掛けやすい関係を作っておくとよい。そのためには，緊急時に備えた連絡体制や協力体制を保護者や関係機関（消防，警察，医療機関等）との間で整えておくとともに，地域とのコミュニケーションを積極的にとり，緊急時の協力や援助をあらかじめ依頼しておく。また，天災等により就学前施設に地域住民等が一時的に避難するような場合等についても，施設の提供範囲や安全面及び衛生面の管理，避難者の把握，災害対策本部への届け出等について，あらかじめ想定しておくことが望ましい。

　A保育園での緊急時の訓練の一例を紹介する。

① **不審者訓練**

　警察官が不審者役で参加し，訓練を行う。不審者が施設に侵入してきた場合を想定する。保育者は役割を分担して不審者への対応し，乳幼児を安全な場所に誘導する。訓練は保護者の乳幼児迎え時間帯に実施し，保護者も参加する。地域へも事前に訓練の実施日程及び内容について連絡し，理解を得ておく。

② **親子防災参観日**

　日頃，子どもたちが行っている避難訓練の様子を保護者に見学してもらい，保護者は防災学習会で講演を聞く。その後，災害が起きた場合を想定して，安全・確実に乳幼児の引き渡しができるよう「引き渡し訓練」を実施する。

（2）地域における子育て支援の課題

　最後に，地域における子育て支援の課題について，地域子育て支援拠点事業による子育て支援を利用している保護者と支援者（子育て支援センターでの支援担当者）を対象としたアンケート調査[12]から，考えてみたい。このアンケート調査は，子育て支援センターを利用している保護者を対象に満足度やニーズを尋ね，また支援者を対象に利用状況，活動内容，支援者としての課題等を聞くことで，子育て支援の新たな課題を明らかにして今後の活動内容の向上に役立てるために実施された。利用者のニーズに関して，保護者と，支援者の比較（図7-1）を見ると，保護者のニーズと支援者が考えるニーズとの差が大きい項目としては，「（親子で楽しむ）遊びや行事」を保護者は必要としているが支援者は少なく，反対に，「訪問支援」について支援者は必要と考えているが，保護者ニーズは少ないということがわかる。また，次に差が見られる「（施設の）設備・遊具」，「自主サークル支援」についても，支援者が思うほど保護者ニーズは多くない。

12）前掲書11）と同じ，p.140.

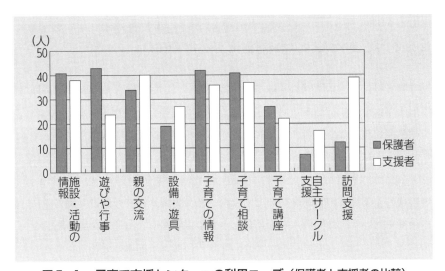

図7-1 子育て支援センターへの利用ニーズ（保護者と支援者の比較）
出典）日本保育協会「みんなでつながる子育て支援-地域における子育て支援に関する調査研究報告書」2010, p.140.

　ここからわかるように，地域における子育て支援の課題としては，支援者と保護者の意識には違いがあることをふまえ，保護者の気持ちを汲み取りながら専門家として考える必要な支援を行っていく必要がある。また，図7-1では明らかになっていないが，調査の別項目では，ひとり親家庭，子育てに課題を抱える家庭，生活困窮家庭ほど，地域や行政とつながりにくいという傾向があるため，そのような家庭が社会的に孤立してしまうことがないよう，支援者側から意図的にアプローチしていくことが大切である。就学前施設における保育者と保護者に関しても同様な課題があり，この点についても十分に留意しておきたい。

演習課題

課題1：就学前施設で行われている具体的な子育て支援活動を調べてみよう。
課題2：あまり行われていないが効果的だと思われる子育て支援を考えよう。
課題3：あなたが子どもの頃に経験した地域社会との交流や協同について思い出して書いてみよう。

参考文献

池本美香「諸外国の子育て支援のどこに学ぶか」法律文化，第267号，2006.
清水陽子・門田理世・牧野桂一・松井尚子編著『保育の理論と実践-ともに育ちあう保育者をめざして-』ミネルヴァ書房，2017.
田中敏明・矢野洋子・松島暢志・猪野義弘・坂口璃沙・加瀬朋子「幼児の生活と幼児を持つ親の育児観の変容-1995年と2015年との比較を通して-」九州女子大学紀要，53（2），2017, pp.25-42.
内閣府『子ども・子育て白書（平成22年版）』2010.
藤井ニエメラみどり・高橋睦子『安心・平等・社会の育み　フィンランドの子育てと保育』，明石書店，2007.

コラム　長期的な視野をもった保育者になるために

　幼稚園教諭の早期離職者には、その背景に「職場の労働条件」「人間関係」「やりがい」の問題があるといわれています。それに、結婚・出産・介護等の「女性のライフサイクルからくる問題」や仕事の質や量の変化等の「中堅のキャリア変化からくる問題」が重なることによって離職にいたることが、明らかになっています*。

　早期離職に至らないまでも保育者は、多くの悩みを抱えながらも保育を続けているのです。しかし保育者には職員間の上下関係の悩みを聞いてくれた主任の先輩、心身ともに不調の時に助けてくれた後輩、愚痴を言い合った同僚、育児期に子どもの保育園への送迎や夕食の準備をしてくれた義母等の「支えてくれる人」の存在があり、それらの方々に感謝の気持ちをもって働いています。保育者も保護者と同様に「支援」を求めており、周囲の人々の支援によって救われることが多いのです。

　本書の読者の多くは、保育者養成施設で学ぶ保育者の卵でしょう。保育者は、社会人1年目であるにもかかわらず「先生」と呼ばれ、未来ある子どもたちの育成にあたるという重責を担います。保育者としての専門的な知識や技術の習得も必要ですが、保育者の人間性は人格形成途中の乳幼児に大きな影響を与えるため、日々の学生生活の中で子どもたちの手本となる倫理観を再確認し、保育の基礎となる教養を学び、その上で保育者としての専門的知識・技術を身に付けることが重要です。特に小学校等と違い、教科書のない保育の場は、担当する保育者の知識や経験、興味の範囲でしか、子どもは学ぶことができないのです。このことからも保育者の重要性がわかります。

　就職にあたっては、社会の現状を把握し、労働者としての自分の雇用条件や待遇をしっかりと認識しておく必要があります。確認しておかないで、結婚、出産等の人生の岐路に立った時に初めて、「このような状況では続けられない」とわかっても遅いことが多いのです。

　保育に活用できる「特技」をもつことは、自信や力量形成となり、長期就業につながることが明らかになっています。昔から「芸は身を助く」ともいわれます。できれば学生時代から、保育領域以外のものも含めて幅広い分野に挑戦し、自分の特技となるものを見つけておくとよいでしょう。

　＊　川俣美砂子「幼稚園教諭のライフコースに見る離職と継続の理由」九州大学教育社会学研究集録，第11号，2009，pp.15-30．

第8章 人間性を育てる

　これまでの章でみてきたように，保育によって，子どもに生きる力の基礎としての様々な資質や能力を育くんでいく必要がある。なかでも，人間性は人の幸せの原動力となるものであり，人間性の涵養は保育の中心的課題の一つである。本章では，子どもたちの現状と子どもたちが迎える未来社会からみた人間性を育てることの大切さ，人間性を育てる保育の目標，内容と方法を概説し，実践事例を紹介する。

1　人間性を育てることの大切さ

（1）人間性とは何だろう

　人間性とは，「人間の本性。人間らしさ。人間の事実上の特性を指すだけでなく，人間としてあるべき理想の姿」を意味している[1]。

　人間性の一つに道徳心がある。2018（平成30）年度から施行された小学校学習指導要領「特別の教科道徳[2]」には次のような内容が示されている。

- 主として自分自身に関すること：［善悪の判断，自律，自由と責任］［正直，誠実］［節度，節制］［個性の伸長］［希望と勇気，努力と強い意志］［真理の探究］。
- 主として人との関わりに関すること：［親切，思いやり］［感謝］［礼儀］［友情，信頼］［相互理解，寛容］。
- 主として集団や社会との関わりに関すること：［規則の尊重］［公正，公平，社会正義］［勤労，公共の精神］［家族愛，家庭生活の充実］［よりよい学校生活，集団生活の充実］［伝統と文化の尊重，国や郷土を愛する態度］［国際理解，国際親善］。
- 主として生命や自然，崇高なものとの関わりに関すること：［生命の尊さ］

1)『日本大百科全書18』小学館, 1987, p. 186.

2) 文部科学省『小学校学習指導要領 特別の教科道徳』2018, pp. 165-173.

［自然愛護］［感動，畏敬の念］［よりよく生きる喜び］。

ここに示されている内容は，狭い意味の道徳心にとどまらず，人間が自分と他者，社会，文化，自然等を大切にし，自分も他者も共に幸せに，主体的に生きていくために必要な豊かな人間性そのものである。

2011（平成23）年に内閣府が行った幸福度指標に関する調査[3]によると，幸福な社会をつくるために社会の目標にしていくべきものとして，「安全・安心に暮らせる社会」「幸せを感じている人が多い社会」「他人への思いやりがある人が多い社会」が上位3位までを占め，「仕事の充実感が高い社会」や「生活満足度の高い人が多い社会」を上回っていた。安全・安心は人がルールを守ることや災害時でも支え合えることによって得られるものであり，自分だけでなくみんなが幸せを感じる社会，思いやりがある社会はいずれも一人一人が道徳心を育み，つくっていくものである。この調査によると多くの人は，自分自身の仕事の満足感や生活の豊かさよりも人間性の豊かさが，幸福な社会をつくるための大切な条件と考えている。

（2）人間性の現状

人間性は，生活の様々な場面で現れる。最近の犯罪発生件数を見ると，刑法犯の中で最も多い窃盗犯は年々減少傾向にあるものの，児童虐待と配偶者間暴力は10年間で3倍に増えている。ストーカー犯罪や薬物犯罪も増加傾向にある[4]。子どもの現状では，いじめの問題が深刻である。調査開始以来年々増加を続け，2017（平成29）年には41万件と過去最多を記録した[5]。中でも，小学校低学年が最も多くなっている。2004（平成16）年頃から，「小1プロブレム[*1]」がクローズアップされてきた。東京都教育委員会の調査では都内の小学校4校に1校で小1プロブレムが発生しているという。

いじめや小1プロブレムは，小学校以降で発現する問題行動であるが，幼児教育の責任が免れないのではないだろうか。「いけないことはしない」という自己抑制力も幼児期にその基礎がつくられる。

2015（平成27）年に行われたOECD生徒の国際学習到達度調査（PISA）の結果から，日本の生徒は学力は上昇傾向にあるものの，学ぶことの楽しさや意義の実感や自分の判断や行動がよりよい社会づくりにつながるという意識が低い[6]という結果が得られている。

これ以外にも，不登校，ネット依存，性モラルの低下，貧困，PTSD（心的外傷後ストレス障害）など，多くの解決すべき課題がある。

3）内閣府「幸福度指標に関するウェブ・アンケート調査-中間報告-」2011, p.7.

4）法務省「犯罪白書-更生を支援する地域のネットワーク-平成29年版」2017.

5）文部科学省「問題行動・不登校調査の結果（速報値）」2018.

*1 小1プロブレム
小学校に入学後，学校での集団生活に適応できず，様々問題行動を起こすことをいう。授業中に立ち歩いたり騒いだりして授業が成立しない現象等。

6）国立教育政策研究所「OECD生徒の学習到達度調査」2016.

（3）未来社会と人間性

　これからの子どもたちが迎える未来は「予測不可能な時代」といわれる。日本においては，総人口は減少し，特に生産者人口は，減少するが高齢化率は増加する。その結果，今まで以上に現役世代の働き手が，子どもや高齢者を支えることになる。またAI（人工知脳）の発達により今ある仕事の多くがなくなると予測され，日本で働く外国人の増加，増税は避けて通れないだろう。日本人がこれまでほとんど経験したことのない異文化の背景をもつ人（外国人）との共同生活もあたりまえになるだろう[*2]。

　未来社会を生きるために必要なのは「生きて働く知識・技能」「未知の状況に対応できる思考力・判断力・表現力」はもちろんだが，なによりも人間性ではないだろうか。変化が激しく，厳しい時代だからこそ「希望と勇気，努力と強い意志」で未来を切り開き，「親切，思いやり」の心で支え合い，「一人一人の価値を認め」ながら「相手の気持ちになって考え」，人や食，自然に対して「感謝」の気持ちをもつことが大切である。また，「友情，信頼」「相互理解，寛容」「勤労，公共の精神」で力を合わせて課題に立ち向かう。そして「家族を愛し」，たとえ苦しくても決して悪いことに手をださない「倫理観」「公正，公平，社会正義」の心で自分をコントロールし，全ての命に対して「尊さを感じて愛護する」という人間性を身に付けることが，予測不可能な時代において大切になるだろう。このような人間性のすべては乳幼児期にその基礎が育まれる。

　将来の現役世代の収入の内，税金，社会保険（年金負担），医療費負担の合計が50％を超えるという予測もある。

[*2] 第1章のコラム（p.16）を参照。

2　人間性を育てる保育

（1）乳幼児期の人間性の発達

　乳幼児期は，人間性や道徳性の発達からみてどのような時期なのだろうか。道徳性の発達については，コールバーグ[7]の道徳性についての発達理論がよく知られている。

　コールバーグによれば，道徳性の発達には慣習以前のレベル，慣習的レベル，脱慣習的レベルの3つの水準があり，それぞれのレベルが2つに分かれ，6段階で構成される[*3]。第1段階（前慣習的水準）では，罰の回避と力への絶対的服従がそれだけで価値あるものとなり，罰せられるかほめられるかという行為の結果のみが，その行為の善悪を決定する。すなわちほめられることはよいこと，叱られることはいけないことという道徳判断の段階である。第2段階

7）日本道徳性心理学研究会編著『道徳性心理学−道徳教育のための心理学−』北大路書房，1992，pp.52-57.

[*3] コールバーグの道徳性の発達レベル

前慣習的水準	第1段階
	第2段階
慣習的水準	第3段階
	第4段階
脱慣習的水準	第5段階
	第6段階

第 8 章　人間性を育てる

（前慣習的水準）では，自分自身の，また場合によっては自己と他者相互の欲求や利益を満たすものが正しい行為としてとらえられる。自分にとって楽しいこと，都合のよいことが正しいという道徳判断である。第 3 段階（慣習的水準）になると，善い行為とは他者を喜ばせたり助けたりするものであって，他者に善いと認められる行為だと考えるようになる。このあと，普遍的自律的な道徳原則によって判断する第 6 段階（脱慣習的水準）まで発達していく。乳幼児期は，この理論に従えば，第 1 段階から第 3 段階までに該当する時期と考えられる。したがって，3 歳ぐらいまではよいことはしっかりほめる，いけないことはきちんと叱ることを基本にして，4，5 歳頃には，友だちとの関わりの中で相手の気持ちを考えることを中心に指導していくことが求められる。

（2）何を育てるのか

2017（平成29）年の小学校学習指導要領の全面改訂に先立ち，2016（平成28）年に「特別な教科　道徳」が告示され，ますます人間性の教育が求められ，必要とされることになった。2018（平成30）年度から施行された幼稚園教育要領でも，10項目の「幼児期の終わりまでに育ってほしい姿」が示され，その中の次の 5 項目は人間性に関わる内容を含んでいる（一部省略）[8]。これらは，保育所保育指針や幼保連携型認定こども園教育・保育要領にも共通する項目である。

8）文部科学省『幼稚園教育要領』（第 1 章 第 2）2017．

①　**自立心**：しなければならないことを自覚し，自分の力で行うために考えたり，工夫したりしながら，諦めずにやり遂げることで達成感を味わい，自信をもって行動するようになる。

②　**協同性**：互いの思いや考えなどを共有し，共通の目的の実現に向けて，考えたり，工夫したり，協力したりし，充実感をもってやり遂げるようになる。

③　**道徳性・規範意識の芽生え**：してよいことや悪いことが分かり，自分の行動を振り返ったり，友達の気持ちに共感したりし，相手の立場に立って行動するようになる。また，きまりを守る必要性が分かり，自分の気持ちを調整し，友達と折り合いを付けながら，きまりをつくったり，守ったりするようになる。

④　**社会生活との関わり**：家族を大切にしようとする気持ちをもつとともに，地域の身近な人と触れ合う中で，人との様々な関わり方に気付き，相手の気持ちを考えて関わり，自分が役に立つ喜びを感じ，地域に親しみをもつようになる。

⑤　**自然との関わり・生命尊重**：自然に触れて感動する体験を通して，自然

写真8-1　友だちとの関わりの中で育つ人間性

への愛情や畏敬の念をもつようになる。また，身近な動植物に心を動かされる中で，生命の不思議さや尊さに気付き，身近な動植物への接し方を考え，命あるものとしていたわり，大切にする気持ちをもって関わるようになる。

前記の項目及び内容の中には次の内容が含まれていない。
・してもらったこと，与えられる恵みに感謝の気持ちをもつ。
・高齢者や障がい者など支えが必要な人を支えていきたいという気持ちをもつ[9]。

幼稚園教育要領等に示されている「自立心」「協同性」「道徳性・規範意識の芽生え」「社会生活との関わり」「自然との関わり・生命尊重」についての内容に上記の内容を加えて，総合的に育てていく必要があると考える。

（3）どのように育てるのか

人間性は，具体的な目標を見据えた，確かな保育によって育っていく。人間性を育てる保育のポイントを紹介してみよう。

1）具体的な目標を設定し，一歩一歩確実に育てる

子どもの発達に沿って，一歩一歩を確実に育てていく，これが保育の原則である。人間性を育てる場合にもこれが当てはまる。「思いやりを育てる」等の漠然とした目標ではなく，思いやりの育ちに向かう一歩一歩を確実に育てていかなければならない。思いやりの育ちと育ちの目安になる年齢については，第5章のp.66に示されている。本章では，例として「生き物を命あるものとしていたわり，大切にする気持ち」の子どもの発達と目安となる時期，経験させたい活動・保育者の関わりを表8-1に示す。

9）田中敏明『幼稚園・保育所　指導計画作成と実践のためのねらいと内容集』北大路書房，2014，pp.29-32.

第8章 人間性を育てる

表8-1 「生き物を命あるものとしていたわり，大切にする気持ち」の発達

	発達の内容	経験させたい活動・保育者の関わり
3歳	・植えた花や野菜が大きくなることに興味をもつ。 ・動物は生きていることがわかる。 ・生き物の死に気付き，残念がる。 ・寒い日に，飼育している生き物を温かくしてあげようとする。	・野菜や草花が大きくなることに気付かせる。 ・動物が動くこと，えさを食べること，大きくなることに気付かせ，生きていることを感じさせる。 ・死んだ生き物のお墓をつくる。 ・飼育箱に温度計をつける。
4歳	・当番で飼育している生き物の世話を喜んでする。 ・花や葉は摘んだり，折ったりするとかわいそうという気持ちをもち，必要以上に摘んだり，折ったりしない。 ・植物は生きていること，枯れたことがわかる。 ・生き物の死がわかり，死んだらかわいそうという気持ちをもつ。	・飼育の当番を決める。 ・必要な花の量を考えて採集する。 ・植物が枯れたことに気付き，なぜ枯れたか考える。 ・死んだら，なぜかわいそうか考える。
5歳	・それぞれの生き物に適したかわいがり方がわかり，生き物にとって住みやすい環境を考えるようになる。 ・しばらく飼育したら，逃がすことで虫も喜ぶことを感じる。 ・冬になると，飼育している生き物の活動が鈍くなることに気付き，心配する。 ・赤ちゃんの誕生に興味をもち，詳しいことを知ろうとする。	・快適な飼育環境をつくる。 ・ある程度の期間を飼育したら逃がしてあげる。 ・動物が寒くないような配慮をする。 ・赤ちゃんのかわいらしさに気付き，親が一生懸命世話していることに感動する。

2）育つ状況をつくる

　保育は環境を通して行うことが原則である。保育者（幼稚園教諭・保育士・保育教諭をいう）は，言葉だけで指導するのでなく，具体的に子どもが育つ状況や環境をつくる必要がある。例えば，用具や材料を子どもに人数分与えるのではなく，「自分のものを持っていない人に貸してあげる」優しさが育つためには用具や材料が足りないという環境をあえてつくってみる。また動物を飼ったり，植物を育てることで「生き物の命の大切さ」を知り，大切に飼育していた生き物が死を迎え，命がかけがえのないことに気付くだろう。保育者がどのような意識をもって関わり，環境を子どもに与えていくのかが大切である。

3）体験を通して育てる

　乳幼児期は目で直接観察し，耳で音を聞き，からだで感じ取り，直接体験することで育つ時期である。「最後まで頑張ろう」と教え続けても「やりとげる気持ち」は育たない。少し難しい課題に取りかかり，できないことを体験し，保育者の励ましにより具体的な目標を再設定して再挑戦し，「できた」という

喜びを体験することによって頑張る気持ちが育つ。保育者は，育ってほしいことを明確に意識して，様々な環境を用意しておかなければならない。

4）子どもとの信頼関係をつくる

子どもは，自分が愛され受入れられていると感じることで，人に対する信頼感が生まれ，それが人間性の芽生えの基礎をつくる。子どもは就学前施設（幼稚園・保育所・認定こども園をいう）に入園してきて，不安な気持ちでいることが多いので，保育者がありのままの子どもを受け入れることで，子どもは安心して日々の園生活を送ることができる。子ども一人一人の喜びや不安，欲求を理解し，気持ちにより添い，できるだけ満たしていくように努めたい。

5）保育者の姿を見せる

子どもは，身近な人，好きな人の姿や行動を見てそれを取り入れていく。身近にいる保育者や保護者が，育ってほしい人間性の具体的な姿を絶えず子どもに見せることは，子どもの育ちにとって不可欠な条件の一つである。保育者自らがルールを守らなければ「ルールを守りましょう」と言っても子どもの心に響かない。保育者は，子どもが身に付けてほしい人間性を自らが備えているかについて絶えず振り返り，自らの人間性を向上させていかなければならない。

6）子どもの気付きを導いていく

日々の保育の中には数多くの人間性を育てる場がある。そのような場で，保育者が子どもにすぐに教えたり，注意や意見をするのではなく，子どもの考える力を信じ，子どもが考え，発した言葉から導いていくことが求められる。時には，子どもの言葉にならない声を代弁することも必要である。子どもたちには自ら気付き成長する力がある。子ども自身が考えて，決定する機会をつくり，保育者は必要に応じて見守り援助し，教えるのである。

7）絵本を活用する

絵本は，子どもが直接体験できない世界や，子どもに伝えたい大切なことを効果的に伝えてくれる貴重な教材である。保育者は，なんとなく選んで読み聞かせるのではなく，子どもに育みたい内容について意図をもち，その目的に沿った適切な絵本を選択することを心掛けたい。絵本の読み聞かせにおいて，普段は，子どもが余韻を楽しむものであり，感想を聞かないことが基本である。登場人物の気持ちに気付かせたい時は，最後に「○○はどのような気持ちでしたのかな？」「それをされた△△はどんな気持ちかな？」等と問い掛けたり，

第8章 人間性を育てる

話し合ったりすることで，効果的に子どもの中に人間性を育む様々な気持ちが芽生えるだろう。巻末（p.113）に，様々な人間性を育てるときに役立つ絵本リストを紹介している。参考にしていただきたい。

8）家庭と連携する

人間性は就学前施設での保育だけで育つものではない。就学前施設と家庭が共通の目標をもち，保育者と保護者がモデルとなる姿を一貫して見せ続けることが求められる。そのため，園だよりや保護者会等を活用して，園が育てようとしていること，保護者が子どもに見せてほしい姿や行動，教示の方法やほめ方・叱り方等について具体的に伝えていくことが重要である。何より，子どもたちの様子や変化，心の育ちを保護者に分かりやすく伝えていく必要がある。

3 人間性を育てる保育の実践

子どもの人間性を育てる保育の具体的なポイントを踏まえた実践事例を紹介する。

事例8－1 キアゲハの幼虫を育て，命の尊さを知る

採ってきたバッタや蝶等，自分の虫かごに入れて飼いたいという子どもが多い。C児（4歳，女）も虫取り網で採った蝶をなかなか逃がさない子どもであった。降園の際に，「Cちゃんもお家に帰るからバッタもお家に帰してあげよう」と話すが，「嫌だ」と言って虫かごから出そうとしない。6月になり，園庭のミツバにキアゲハの幼虫が付いており，クラスで飼って成長を観察することにした。子どもたちは，園庭のミツバを小さいカップに入れて，幼虫が食べやすいようにしていた。3匹の幼虫のうち2匹は育たなかった。子どもたちはこの出来事から命はなくなることを感じたようである。育った1匹に「きいちゃん」という名前を付けて飼っていた。2週間でさなぎから蝶になることを話すと，子どもたちはカレンダーに印をつけ，蝶になるのを今か今かと楽しみに待っていた。蝶になった時の子どもたちの表情はうれしそうで，「頑張って大きくなったんだね」「すごくきれい」と大喜びであった。捕まえた虫を逃がそうとしなかったC児であったが，この日を境に，蝶やバッタを捕まえても「かわいそうだからお家にかえしてあげよう」と自分から逃がすようになった。子どもたちは，蝶が飛んでくると「あの時のきいちゃんかもね」といって見ている。

3 人間性を育てる保育の実践

写真8-2　きいちゃん（ちょうちょ）いるかな

考　察：保育者の関わりとして，虫がかわいそうだから「逃がしてあげてね」と子どもに伝えるだけではなく，えさを食べ大きくなる姿，身近に感じる体験を子どもと一緒にすることで命が続くことはあたりまえでないことを知り，心に残っていく。命について聞くと「わからない」という子どもも多い。命は大切であり，ひとつしかないものを伝えるには，絵本や図鑑からだけではなく幼児期に本物の命に触れることが重要である。虫や動物を飼い，世話をして命の成長を感じる機会をつくることが大切である。

事例8-2　うさぎの世話を通して責任感を育てる（年中児・年長児）

赤ちゃんから育てているうさぎの餌やり，水やりは当番が行っており，朝と昼間に水がなくなると補充することになっている。暑い日，子どもたちは夢中になって園庭で遊んでおり，誰もうさぎの小屋の水が空っぽになっていることに気付いていなかった。うさぎはぐったりしていた。保育者は，最近うさぎの水入れの水が空になっていることに誰も気付かずにいることをどのように思うか聞いてみた。「みんなは，のどが渇いたらどうする？」と問い掛けると，「お母さんやおばあちゃんからお茶とか，ジュースをもらう」と話す。今日はとても暑かったが，うさぎのララちゃんは小屋の中でどうしていたか問い掛けてみた。「遊んでいて見ていなかった」と言う。保育者が「ララちゃんが逃げないようにしているから自分で水を飲めるかな？」と尋ねると，子どもたちもハッとした顔をした。さらに保育者は「皆は，自分でのどが渇いた時に水が飲みたいと言えるけれど，ララちゃんはどうかな？」と尋ねた。子どもたちは，真剣に話し合い，様々な意見が出てきた。しばらくして，「自分たちは，のどが渇いたら先生やお母さんがお茶をくれるけれど，ララちゃんは，自分たちが気付いてあげないと死んでしまう」ことに気付いた。「ララちゃんのお母さんは自分たちだね」と言っていた。当番が忘れていたらどうすればよいかについては，「気が付いた人が当番に言っていく」「当番でなくても水をあげる」等の意見が出された。

考　察：保育者が，「うさぎの水が空にならないように当番がきちんとしなさい」と伝えるだけでは，子どもたちが心から水をあげたいという気持ちに

第8章 人間性を育てる

はならない。子どもがうさぎのララちゃんの気持ちを自分に置きかえて考えることができるような声掛けをし，叱るのではなく，考える時間をじっくり取り，話し合う体験をもつことが必要である。当番の責任の重さに自分たちで気が付くようにしていくことが求められる。保育者は，子どもが自分たちで考え，どうしていくことがよいのか導いていくこと，そして見守ることが大切である。

事例8－3 砂場遊びを通して片付けをする大切さを学ぶ（年中児）

砂場で夢中になって遊んでいる2人の年中児がいた。砂をスコップでカップに入れ，泥を混ぜたりしながらプリンづくりを楽しんでいた。2人はきれいにプリンがつくれたことをうれしそうに他の園児に話し，落ちていた葉をのせ，おいしく見えるように工夫していた。朝の会があるので，当番が遊んでいる子どもたちを呼びにきた。しかし，その2人はなかなか遊びをやめなかった。当番が「皆が集まらないと歌がはじまらないよ。AちゃんBちゃん早く来て」と言うとようやく遊びを止めた。いくつかの使ったカップを砂場に置いたままであった。当番が「次に使う人が困るから元に戻しておいて」と言ったが，2人はそのままで保育室に戻っていった。その後，外遊びで2人はまた砂場に行ったが，今度は元の置き場所のカップが少なくなっており，探し始める。他の子どもが，「自分たちは，ちゃんときれいに戻したのに少なくなっている」，「戻していない子がいる」と怒っている。2人は自分たちのことだと気付き，自分たちも遊びたかったのに少なくなっていることが悲しいようであった。保育者が「Aちゃん，さっき使っていた時，最後にどうしたかな？」と尋ねると「元に戻さなかった…」という答えが返ってきた。「次に使うお友だちはどうかな？」と聞くと「困る」という。「戻さないお友だちが沢山いるとみんなも大切に使わずになくなってしまうかもしれないね。みんなでみつけるまで探そう」と言うと，2人もクラスの子どもと一緒に探し始めた。砂場の中に埋まっているカップを一緒に探す中で，子どもたちは「ないな。ないね～」と一生懸命であった。やっと見つけたカップが汚れていたので，みんなで水で洗って元の場所に戻して置いた。

考　察：子どもたちが落ち着いた時間に，なぜカップを元の置き場所に戻さないといけないのかについてみんなで話し合う機会をつくった。その結果，使った物を元に戻さないとみんなが困ることに気付いた。砂遊びのカップを元の場所に戻さなかったのは2人であるが，クラスのみんなで探すことで友だちも困ることを知る機会をとなった。自分たち全員の問題として考える機会をつくることで，一人一人が物を大切にすることやみんなが楽しく遊ぶためにはどうすることが必要であるかを考えるようになった。言葉で話し合うだけでなく，イメージしやすいように絵本やペープサート等の物語を通して考えるきっかけをつくることも大切である。

3 人間性を育てる保育の実践

●演習課題
課題1：自分の人間性についてほめられる点，直した方がよい点について考えてみよう。
課題2：今，子どもに育てたい最も大切な人間性は何か話し合ってみよう。
課題3：「思いやり」「規範意識」を育てる具体的な指導のあり方を考えてみよう。

●参考文献
文部科学省『幼稚園における道徳性の芽生えを培うための事例集』ひかりのくに，2001.
国立教育政策研究所教育課程研究センター『幼児期から児童期への教育 6版』，ひかりのくに，2010.
汐見稔幸・無藤 隆監修『＜平成30年施行＞保育所保育指針 幼稚園教育要領 幼保連携型認定こども園教育・保育要領 解説とポイント』ミネルヴァ書房，2018.

第8章 人間性を育てる

コラム　こんな姿を子どもに見せると

　保護者の行動を見ていて気になることがあります。例えばこのような光景です。電車で靴をはいたまま座席に足を投げ出して座っている子どもに対して，保護者が，「おばさんが見ているから，怒られるから，ちゃんとしようね」と言っています。それがなぜいけないことかを考えるのではなく，保護者の意識には「叱られないようにしよう」という気持ちが先にあるのです。子どもに一番伝えなければならない「他の人に迷惑をかけるからいけない」ことを伝えていないのです。

　以前に勤務していた保育者養成校で学生と一緒に掃除をする機会がありました。その際，普段何事にも頑張っている学生が使用した雑巾を洗わず，掃除道具入れに片付けていた姿を見て驚きました。なぜ洗わなかったのか聞くと，「あまり汚れていないからよいと思った」と言います。その他の学生にも尋ねてみると，洗わずに元の場所に片付けたことがあるという学生が多くいました。ほとんどの学生はよくないことと分かっていますが，あまり汚れていなければそのまま片付けてしまうと言うことでした。

　保育者は，子どもが，人が見ていない所でも正しいと思う行動ができるように育てていかなければなりません。また，その場にいない人の悪口を言ったり，できないことを馬鹿にしたりするのはよくないということも日々の保育実践の中で伝えていく必要があります。人が悲しんでいる時に寄り添い，相手の立場に立って共感するやさしい気持ちを育てたいものです。保育者を目指す学生は絶えず自分を振り返り，子どもに育てたい人間性を自分が身に付けているか，常に問い掛けてほしいと思っています。

写真8-3　子どもたちは先生を見ています

●資料1 様々な人間性を育てるときに役立つ絵本リスト

●「人へのやさしさ・思いやりの大切さ」を育む絵本

タイトル	さく	え	出版社	発行年
しんせつなともだち	方 軼羣	村山知義	福音館書店	1987年
ずーっとずーっとだいすきだよ	ハンス・ウィルヘルム	ハンス・ウィルヘルム	評論社	1988年
やさしさとおもいやり	宮西達也	宮西達也	ポプラ社	2015年

●「感謝の気持ちをもつことの大切さ」を育む絵本

タイトル	さく	え	出版社	発行年
かさじぞう	瀬田貞二	赤羽末吉	福音館書店	1966年
ありがとうともだち	内田麟太郎	降矢なな	偕成社	2003年
ありがとうのえほん	フランソワーズ	フランソワーズ	偕成社	2005年

●「やり遂げること、がんばることの大切さ」を育む絵本

タイトル	さく	え	出版社	発行年
エミールくんがんばる	トミー・ウンゲラー	トミー・ウンゲラー	文化出版局	1969年
はじめてのおつかい	筒井頼子	林 明子	福音館書店	1977年
がんばる！たまごにいちゃん	あきやまただし	あきやまただし	鈴木出版	2003年

●「がまんすることの大切さ」を育む絵本

タイトル	さく	え	出版社	発行年
ももちゃんといちご	メグホソキ	メグホソキ	佼成出版社	2001年
ちょっとだけ	瀧村有子	鈴木永子	福音館書店	2007年
がまんのケーキ	かがくい ひろし	かがくい ひろし	教育画劇	2009年

●「ルール・礼儀作法、マナーを守ることの大切さ」を育む絵本

タイトル	さく	え	出版社	発行年
ぴかくんめをまわす	松居 直	長 新太	福音館書店	1960年
たろうのおでかけ	村山桂子	堀内誠一	福音館書店	1966年
11ぴきのねこふくろのなか	馬場のぼる	馬場のぼる	こぐま社	1982年

●「協力・助け合いの大切さ」を育む絵本

タイトル	さく	え	出版社	発行年
おおきなカブ	レフ・トルストイ	佐藤忠良	福音館書店	1966年
スイミー	レオ・レオニ	谷川俊太郎	好学社	1969年
はじめてのキャンプ	林 明子	林 明子	福音館書店	1984年

資　料

● 「家族の大切さ」を育む絵本

タイトル	さく	え	出版社	発行年
14ひきのさむいふゆ	いわむらかずお	いわむらかずお	童心社	1985年
すきときどききらい	東　君平	和歌山静子	童心社	1986年
ぼくがおっぱいをきらいなわけ	礒みゆき	礒みゆき	ポプラ社	2001年

● 「親の愛」を学ぶ絵本

タイトル	さく	え	出版社	発行年
おへそのあな	長谷川義史	長谷川義史	BL出版	2006年
うまれてきてくれてありがとう	にしもとよう	黒井　健	童心社	2011年
ままがおばけになっちゃった	のぶみ	のぶみ	講談社	2015年

● 「うそをつく、だましたり、ずるいふるまいはいけない」ことを学ぶ絵本

タイトル	さく	え	出版社	発行年
かちかちやま	おざわとしお 再話	赤羽末吉	福音館書店	1988年
うそついちゃったねずみくん	なかえよしを	上野紀子	ポプラ社	2004年
ラリーはうそつき	クリスティアーネ・ジョーンズ	クリスティン・バトゥーツ	辰巳出版	2013年

● 「友だちをいじめてはいけない」ことを学ぶ絵本

タイトル	さく	え	出版社	発行年
わたしのいもうと	松谷みよ子	味戸ケイコ	偕成社	1987年
しらんぷり	梅田俊作	梅田佳子	ポプラ社	1997年
わたしのせいじゃない	レイフ・クリスチャンソン	ディック・ステンベリ	岩崎書店	1996年

● 「仲良くすることの大切さ」を学ぶ絵本

タイトル	さく	え	出版社	発行年
ごめんねともだち	内田麟太郎	降矢なな	偕成社	2001年
おさかなちゃんのおいでおいで	ヒド・ファン ヘネヒテン	ヒド・ファン ヘネヒテン	学研プラス	2014年
みどりのトカゲとあかいながしかく	スティーブ・アントニー	スティーブ・アントニー	徳間書店	2016年

● 「相手の気持ちを考えることの大切さ」を学ぶ絵本

タイトル	さく	え	出版社	発行年
どんなにきみがすきだかあててごらん	サム・マクブラットニィ	アニタ・ジェラーム	評論社	1995年
バムとケロのさむいあさ	島田ゆか	島田ゆか	文溪堂	1996年
けんかのきもち	柴田愛子	伊藤秀男	ポプラ社	2001年

● 「わがまま勝手はいけないこと」を学ぶ絵本

タイトル	さく	え	出版社	発行年
ノンタンぶらんこのせて	キヨノサチコ	キヨノサチコ	偕成社	1976年
とんでけとんでけわがままむし	さくらともこ	若菜　珪	金の星社	1987年
ひとりじめ	本間正樹	いもとようこ	佼成出版社	2004年

資料2 保育関連法規

日本国憲法（抜粋）　　昭和21年11月3日公布

第十一条　国民は，すべての基本的人権の享有を妨げられない。この憲法が国民に保障する基本的人権は，侵すことのできない永久の権利として，現在及び将来の国民に与へられる。

第十二条　この憲法が国民に保障する自由及び権利は，国民の不断の努力によつて，これを保持しなければならない。又，国民は，これを濫用してはならないのであつて，常に公共の福祉のためにこれを利用する責任を負ふ。

第十三条　すべて国民は，個人として尊重される。生命，自由及び幸福追求に対する国民の権利については，公共の福祉に反しない限り，立法その他の国政の上で，最大の尊重を必要とする。

第十四条　すべて国民は，法の下に平等であつて，人種，信条，性別，社会的身分又は門地により，政治的，経済的又は社会的関係において，差別されない。

第二十六条　すべて国民は，法律の定めるところにより，その能力に応じて，ひとしく教育を受ける権利を有する。

○2　すべて国民は，法律の定めるところにより，その保護する子女に普通教育を受けさせる義務を負ふ。義務教育は，これを無償とする。

児童憲章（全文）　　制定日：昭和26年5月5日

制定者：児童憲章制定会議（内閣総理大臣により招集。国民各層・各界の代表で構成。）

われらは，日本国憲法の精神にしたがい，児童に対する正しい観念を確立し，すべての児童の幸福をはかるために，この憲章を定める。

児童は，人として尊ばれる。
児童は，社会の一員として重んぜられる。
児童は，よい環境の中で育てられる。

一　すべての児童は，心身ともに健やかにうまれ，育てられ，その生活を保障される。

二　すべての児童は，家庭で，正しい愛情と知識と技術をもつて育てられ，家庭に恵まれない児童には，これにかわる環境が与えられる。

三　すべての児童は，適当な栄養と住居と被服が与えられ，また，疾病と災害からまもられる。

四　すべての児童は，個性と能力に応じて教育され，社会の一員としての責任を自主的に果たすように，みちびかれる。

五　すべての児童は，自然を愛し，科学と芸術を尊ぶように，みちびかれ，また，道徳的心情がつちかわれる。

六　すべての児童は，就学のみちを確保され，また，十分に整つた教育の施設を用意される。

七　すべての児童は，職業指導を受ける機会が与えられる。

八　すべての児童は，その労働において，心身の発育が阻害されず，教育を受ける機会が失われず，また，児童としての生活がさまたげられないように，十分に保護される。

九　すべての児童は，よい遊び場と文化財を用意され，悪い環境からまもられる。

十　すべての児童は，虐待・酷使・放任その他不当な取扱からまもられる。あやまちをおかした児童は，適切に保護指導される。

十一　すべての児童は，身体が不自由な場合，または精神の機能が不充分な場合に，適切な治療と教育と保護が与えられる。

十二　すべての児童は，愛とまことによつて結ば

れ，よい国民として人類の平和と文化に貢献するように，みちびかれる。

児童福祉法（抜粋） 昭和22年12月12日法律第164号

第一条　全て児童は，児童の権利に関する条約の精神にのつとり，適切に養育されること，その生活を保障されること，愛され，保護されること，その心身の健やかな成長及び発達並びにその自立が図られることその他の福祉を等しく保障される権利を有する。

第二条　全て国民は，児童が良好な環境において生まれ，かつ，社会のあらゆる分野において，児童の年齢及び発達の程度に応じて，その意見が尊重され，その最善の利益が優先して考慮され，心身ともに健やかに育成されるよう努めなければならない。

○2　児童の保護者は，児童を心身ともに健やかに育成することについて第一義的責任を負う。

○3　国及び地方公共団体は，児童の保護者とともに，児童を心身ともに健やかに育成する。

第三条　前二条に規定するところは，児童の福祉を保障するための原理であり，この原理は，すべて児童に関する法令の施行にあたつて，常に尊重されなければならない。

第四条　この法律で，児童とは，満十八歳に満たない者をいい，児童を左のように分ける。

一　乳児　満一歳に満たない者
二　幼児　満一歳から，小学校就学の始期に達するまでの者
三　少年　小学校就学の始期から，満十八歳に達するまでの者

○2　この法律で，障害児とは，身体に障害のある児童，知的障害のある児童，精神に障害のある児童（発達障害者支援法（平成十六年法律第百六十七号）第二条第二項に規定する発達障害児を含む。）又は治療方法が確立していない疾病その他の特殊の疾病であつて障害者の日常生活及び社会生活を総合的に支援するための法律（平成十七年法律第百二十三号）第四条第一項の政令で定めるものによる障害の程度が同項の厚生労働大臣が定める程度である児童をいう。

第七条　この法律で，児童福祉施設とは，助産施設，乳児院，母子生活支援施設，保育所，幼保連携型認定こども園，児童厚生施設，児童養護施設，障害児入所施設，児童発達支援センター，児童心理治療施設，児童自立支援施設及び児童家庭支援センターとする。

第七節　保育士

第十八条の四　この法律で，保育士とは，第十八条の十八第一項の登録を受け，保育士の名称を用いて，専門的知識及び技術をもつて，児童の保育及び児童の保護者に対する保育に関する指導を行うことを業とする者をいう。

第十八条の五　次の各号のいずれかに該当する者は，保育士となることができない。

一　成年被後見人又は被保佐人
二　禁錮以上の刑に処せられ，その執行を終わり，又は執行を受けることがなくなつた日から起算して二年を経過しない者
三　この法律の規定その他児童の福祉に関する法律の規定であつて政令で定めるものにより，罰金の刑に処せられ，その執行を終わり，又は執行を受けることがなくなつた日から起算して二年を経過しない者
四　第十八条の十九第一項第二号又は第二項の規定により登録を取り消され，その取消しの日から起算して二年を経過しない者
五　国家戦略特別区域法（平成二十五年法律第百七号）第十二条の五第八項において準用する第十八条の十九第一項第二号又は第二項の規定により登録を取り消され，その取消しの日から起算して二年を経過しない者

第十八条の六　次の各号のいずれかに該当する者は，保育士となる資格を有する。

一　都道府県知事の指定する保育士を養成する学校その他の施設（以下「指定保育士養成施設」という。）を卒業した者
二　保育士試験に合格した者

教育基本法（抜粋） 平成18年12月22日法律120号

前文

　我々日本国民は，たゆまぬ努力によって築いてきた民主的で文化的な国家を更に発展させるとともに，世界の平和と人類の福祉の向上に貢献することを願うものである。

　我々は，この理想を実現するため，個人の尊厳を重んじ，真理と正義を希求し，公共の精神を尊び，豊かな人間性と創造性を備えた人間の育成を期するとともに，伝統を継承し，新しい文化の創造を目指す教育を推進する。

　ここに，我々は，日本国憲法の精神にのっとり，我が国の未来を切り拓く教育の基本を確立し，その振興を図るため，この法律を制定する。

第一章　教育の目的及び理念

（教育の目的）

第一条　教育は，人格の完成を目指し，平和で民主的な国家及び社会の形成者として必要な資質を備えた心身ともに健康な国民の育成を期して行われなければならない。

（教育の目標）

第二条　教育は，その目的を実現するため，学問の自由を尊重しつつ，次に掲げる目標を達成するよう行われるものとする。

一　幅広い知識と教養を身に付け，真理を求める態度を養い，豊かな情操と道徳心を培うとともに，健やかな身体を養うこと。

二　個人の価値を尊重して，その能力を伸ばし，創造性を培い，自主及び自律の精神を養うとともに，職業及び生活との関連を重視し，勤労を重んずる態度を養うこと。

三　正義と責任，男女の平等，自他の敬愛と協力を重んずるとともに，公共の精神に基づき，主体的に社会の形成に参画し，その発展に寄与する態度を養うこと。

四　生命を尊び，自然を大切にし，環境の保全に寄与する態度を養うこと。

五　伝統と文化を尊重し，それらをはぐくんできた我が国と郷土を愛するとともに，他国を尊重し，国際社会の平和と発展に寄与する態度を養うこと。

（教育の機会均等）

第四条　すべて国民は，ひとしく，その能力に応じた教育を受ける機会を与えられなければならず，人種，信条，性別，社会的身分，経済的地位又は門地によって，教育上差別されない。

2　国及び地方公共団体は，障害のある者が，その障害の状態に応じ，十分な教育を受けられるよう，教育上必要な支援を講じなければならない。

3　国及び地方公共団体は，能力があるにもかかわらず，経済的理由によって修学が困難な者に対して，奨学の措置を講じなければならない。

第二章　教育の実施に関する基本

（学校教育）

第六条　法律に定める学校は，公の性質を有するものであって，国，地方公共団体及び法律に定める法人のみが，これを設置することができる。

2　前項の学校においては，教育の目標が達成されるよう，教育を受ける者の心身の発達に応じて，体系的な教育が組織的に行われなければならない。この場合において，教育を受ける者が，学校生活を営む上で必要な規律を重んずるとともに，自ら進んで学習に取り組む意欲を高めることを重視して行われなければならない。

（教員）

第九条　法律に定める学校の教員は，自己の崇高な使命を深く自覚し，絶えず研究と修養に励み，その職責の遂行に努めなければならない。

2　前項の教員については，その使命と職責の重要性にかんがみ，その身分は尊重され，待遇の適正が期せられるとともに，養成と研修の充実が図られなければならない。

（家庭教育）

第十条　父母その他の保護者は，子の教育について第一義的責任を有するものであって，生活のために必要な習慣を身に付けさせるとともに，自立心を育成し，心身の調和のとれた発達を図るよう努めるものとする。

資　料

2　国及び地方公共団体は，家庭教育の自主性を尊重しつつ，保護者に対する学習の機会及び情報の提供その他の家庭教育を支援するために必要な施策を講ずるよう努めなければならない。

（幼児期の教育）

第十一条　幼児期の教育は，生涯にわたる人格形成の基礎を培う重要なものであることにかんがみ，国及び地方公共団体は，幼児の健やかな成長に資する良好な環境の整備その他適当な方法によって，その振興に努めなければならない。

学校教育法（抜粋） 昭和22年3月31日法律第26号

第一章　総　則

第一条　この法律で，学校とは，幼稚園，小学校，中学校，義務教育学校，高等学校，中等教育学校，特別支援学校，大学及び高等専門学校とする。

第三章　幼稚園

第二十二条　幼稚園は，義務教育及びその後の教育の基礎を培うものとして，幼児を保育し，幼児の健やかな成長のために適当な環境を与えて，その心身の発達を助長することを目的とする。

第二十三条　幼稚園における教育は，前条に規定する目的を実現するため，次に掲げる目標を達成するよう行われるものとする。

一　健康，安全で幸福な生活のために必要な基本的な習慣を養い，身体諸機能の調和的発達を図ること。

二　集団生活を通じて，喜んでこれに参加する態度を養うとともに家族や身近な人への信頼感を深め，自主，自律及び協同の精神並びに規範意識の芽生えを養うこと。

三　身近な社会生活，生命及び自然に対する興味を養い，それらに対する正しい理解と態度及び思考力の芽生えを養うこと。

四　日常の会話や，絵本，童話等に親しむことを通じて，言葉の使い方を正しく導くとともに，相手の話を理解しようとする態度を養うこと。

五　音楽，身体による表現，造形等に親しむことを通じて，豊かな感性と表現力の芽生えを養うこと。

第二十四条　幼稚園においては，第二十二条に規定する目的を実現するための教育を行うほか，幼児期の教育に関する各般の問題につき，保護者及び地域住民その他の関係者からの相談に応じ，必要な情報の提供及び助言を行うなど，家庭及び地域における幼児期の教育の支援に努めるものとする。

第二十五条　幼稚園の教育課程その他の保育内容に関する事項は，第二十二条及び第二十三条の規定に従い，文部科学大臣が定める。

第二十六条　幼稚園に入園することのできる者は，満三歳から，小学校就学の始期に達するまでの幼児とする。

第二十七条　幼稚園には，園長，教頭及び教諭を置かなければならない。

○2　幼稚園には，前項に規定するもののほか，副園長，主幹教諭，指導教諭，養護教諭，栄養教諭，事務職員，養護助教諭その他必要な職員を置くことができる。

幼稚園教育要領（抜粋）

文部科学省告示第62　平成29年3月31日

第1章　総　則

第1　幼稚園教育の基本

幼児期の教育は，生涯にわたる人格形成の基礎を培う重要なものであり，幼稚園教育は，学校教育法に規定する目的及び目標を達成するため，幼児期の特性を踏まえ，環境を通して行うものであることを基本とする。このため教師は，幼児との信頼関係を十分に築き，幼児が身近な環境に主体的に関わり，環境との関わり方や意味に気付き，これらを取り込もうとして，試行錯誤したり，考えたりするようになる幼児期の教育における見方・考え方を生かし，幼児と共によりよい教育環境を創造するように努めるものとする。これらを踏まえ，次に示す事項を重視して教育を行わなけ

ればならない。
1 幼児は安定した情緒の下で自己を十分に発揮することにより発達に必要な体験を得ていくものであることを考慮して，幼児の主体的な活動を促し，幼児期にふさわしい生活が展開されるようにすること。
2 幼児の自発的な活動としての遊びは，心身の調和のとれた発達の基礎を培う重要な学習であることを考慮して，遊びを通しての指導を中心として第2章に示すねらいが総合的に達成されるようにすること。
3 幼児の発達は，心身の諸側面が相互に関連し合い，多様な経過をたどって成し遂げられていくものであること，また，幼児の生活経験がそれぞれ異なることなどを考慮して，幼児一人一人の特性に応じ，発達の課題に即した指導を行うようにすること。
　その際，教師は，幼児の主体的な活動が確保されるよう幼児一人一人の行動の理解と予想に基づき，計画的に環境を構成しなければならない。この場合において，教師は，幼児と人やものとの関わりが重要であることを踏まえ，教材を工夫し，物的・空間的環境を構成しなければならない。また，幼児一人一人の活動の場面に応じて，様々な役割を果たし，その活動を豊かにしなければならない。

第2 幼稚園教育において育みたい資質・能力及び「幼児期の終わりまでに育ってほしい姿」
1 幼稚園においては，生きる力の基礎を育むため，この章の第1に示す幼稚園教育の基本を踏まえ，次に掲げる資質・能力を一体的に育むよう努めるものとする。
(1) 豊かな体験を通じて，感じたり，気付いたり，分かったり，できるようになったりする「知識及び技能の基礎」
(2) 気付いたことや，できるようになったことなどを使い，考えたり，試したり，工夫したり，表現したりする「思考力，判断力，表現力等の基礎」
(3) 心情，意欲，態度が育つ中で，よりよい生活を営もうとする「学びに向かう力，人間性等」
2 1に示す資質・能力は，第2章に示すねらい及び内容に基づく活動全体によって育むものである。
3 次に示す「幼児期の終わりまでに育ってほしい姿」は，第2章に示すねらい及び内容に基づく活動全体を通して資質・能力が育まれている幼児の幼稚園修了時の具体的な姿であり，教師が指導を行う際に考慮するものである。
(1) 健康な心と体
　幼稚園生活の中で，充実感をもって自分のやりたいことに向かって心と体を十分に働かせ，見通しをもって行動し，自ら健康で安全な生活をつくり出すようになる。
(2) 自立心
　身近な環境に主体的に関わり様々な活動を楽しむ中で，しなければならないことを自覚し，自分の力で行うために考えたり，工夫したりしながら，諦めずにやり遂げることで達成感を味わい，自信をもって行動するようになる。
(3) 協同性
　友達と関わる中で，互いの思いや考えなどを共有し，共通の目的の実現に向けて，考えたり，工夫したり，協力したりし，充実感をもってやり遂げるようになる。
(4) 道徳性・規範意識の芽生え
　友達と様々な体験を重ねる中で，してよいことや悪いことが分かり，自分の行動を振り返ったり，友達の気持ちに共感したりし，相手の立場に立って行動するようになる。また，きまりを守る必要性が分かり，自分の気持ちを調整し，友達と折り合いを付けながら，きまりをつくったり，守ったりするようになる。
(5) 社会生活との関わり
　家族を大切にしようとする気持ちをもつとともに，地域の身近な人と触れ合う中で，人との様々な関わり方に気付き，相手の気持ちを考えて関わり，自分が役に立つ喜びを感じ，地域に親しみをもつようになる。また，幼稚園内外の様々な環境に関わる中で，遊びや生活に必要な

情報を取り入れ，情報に基づき判断したり，情報を伝え合ったり，活用したりするなど，情報を役立てながら活動するようになるとともに，公共の施設を大切に利用するなどして，社会とのつながりなどを意識するようになる。

(6) 思考力の芽生え

身近な事象に積極的に関わる中で，物の性質や仕組みなどを感じ取ったり，気付いたりし，考えたり，予想したり，工夫したりするなど，多様な関わりを楽しむようになる。また，友達の様々な考えに触れる中で，自分と異なる考えがあることに気付き，自ら判断したり，考え直したりするなど，新しい考えを生み出す喜びを味わいながら，自分の考えをよりよいものにするようになる。

(7) 自然との関わり・生命尊重

自然に触れて感動する体験を通して，自然の変化などを感じ取り，好奇心や探究心をもって考え言葉などで表現しながら，身近な事象への関心が高まるとともに，自然への愛情や畏敬の念をもつようになる。また，身近な動植物に心を動かされる中で，生命の不思議さや尊さに気付き，身近な動植物への接し方を考え，命あるものとしていたわり，大切にする気持ちをもって関わるようになる。

(8) 数量や図形，標識や文字などへの関心・感覚

遊びや生活の中で，数量や図形，標識や文字などに親しむ体験を重ねたり，標識や文字の役割に気付いたりし，自らの必要感に基づきこれらを活用し，興味や関心，感覚をもつようになる。

(9) 言葉による伝え合い

先生や友達と心を通わせる中で，絵本や物語などに親しみながら，豊かな言葉や表現を身に付け，経験したことや考えたことなどを言葉で伝えたり，相手の話を注意して聞いたりし，言葉による伝え合いを楽しむようになる。

(10) 豊かな感性と表現

心を動かす出来事などに触れ感性を働かせる中で，様々な素材の特徴や表現の仕方などに気付き，感じたことや考えたことを自分で表現したり，友達同士で表現する過程を楽しんだりし，表現する喜びを味わい，意欲をもつようになる。

第2章 ねらい及び内容

この章に示すねらいは，幼稚園教育において育みたい資質・能力を幼児の生活する姿から捉えたものであり，内容は，ねらいを達成するために指導する事項である。各領域は，これらを幼児の発達の側面から，心身の健康に関する領域「健康」，人との関わりに関する領域「人間関係」，身近な環境との関わりに関する領域「環境」，言葉の獲得に関する領域「言葉」及び感性と表現に関する領域「表現」としてまとめ，示したものである。

健康〔健康な心と体を育て，自ら健康で安全な生活をつくり出す力を養う。〕

1 ねらい

(1) 明るく伸び伸びと行動し，充実感を味わう。

(2) 自分の体を十分に動かし，進んで運動しようとする。

(3) 健康，安全な生活に必要な習慣や態度を身に付け，見通しをもって行動する。

2 内容

(1) 先生や友達と触れ合い，安定感をもって行動する。

(2) いろいろな遊びの中で十分に体を動かす。

(3) 進んで戸外で遊ぶ。

(4) 様々な活動に親しみ，楽しんで取り組む。

(5) 先生や友達と食べることを楽しみ，食べ物への興味や関心をもつ。

(6) 健康な生活のリズムを身に付ける。

(7) 身の回りを清潔にし，衣服の着脱，食事，排泄（せつ）などの生活に必要な活動を自分でする。

(8) 幼稚園における生活の仕方を知り，自分たちで生活の場を整えながら見通しをもって行動する。

(9) 自分の健康に関心をもち，病気の予防などに必要な活動を進んで行う。

(10) 危険な場所，危険な遊び方，災害時などの行動の仕方が分かり，安全に気を付けて行動する。

人間関係〔他の人々と親しみ，支え合って生活するために，自立心を育て，人と関わる力を養う。〕

1　ねらい
(1)　幼稚園生活を楽しみ，自分の力で行動することの充実感を味わう。
(2)　身近な人と親しみ，関わりを深め，工夫したり，協力したりして一緒に活動する楽しさを味わい，愛情や信頼感をもつ。
(3)　社会生活における望ましい習慣や態度を身に付ける。

2　内容
(1)　先生や友達と共に過ごすことの喜びを味わう。
(2)　自分で考え，自分で行動する。
(3)　自分でできることは自分でする。
(4)　いろいろな遊びを楽しみながら物事をやり遂げようとする気持ちをもつ。
(5)　友達と積極的に関わりながら喜びや悲しみを共感し合う。
(6)　自分の思ったことを相手に伝え，相手の思っていることに気付く。
(7)　友達のよさに気付き，一緒に活動する楽しさを味わう。
(8)　友達と楽しく活動する中で，共通の目的を見いだし，工夫したり，協力したりなどする。
(9)　よいことや悪いことがあることに気付き，考えながら行動する。
(10)　友達との関わりを深め，思いやりをもつ。
(11)　友達と楽しく生活する中できまりの大切さに気付き，守ろうとする。
(12)　共同の遊具や用具を大切にし，皆で使う。
(13)　高齢者をはじめ地域の人々などの自分の生活に関係の深いいろいろな人に親しみをもつ。

環境〔周囲の様々な環境に好奇心や探究心をもって関わり，それらを生活に取り入れていこうとする力を養う。〕

1　ねらい
(1)　身近な環境に親しみ，自然と触れ合う中で様々な事象に興味や関心をもつ。
(2)　身近な環境に自分から関わり，発見を楽しんだり，考えたりし，それを生活に取り入れようとする。
(3)　身近な事象を見たり，考えたり，扱ったりする中で，物の性質や数量，文字などに対する感覚を豊かにする。

2　内容
(1)　自然に触れて生活し，その大きさ，美しさ，不思議さなどに気付く。
(2)　生活の中で，様々な物に触れ，その性質や仕組みに興味や関心をもつ。
(3)　季節により自然や人間の生活に変化のあることに気付く。
(4)　自然などの身近な事象に関心をもち，取り入れて遊ぶ。
(5)　身近な動植物に親しみをもって接し，生命の尊さに気付き，いたわったり，大切にしたりする。
(6)　日常生活の中で，我が国や地域社会における様々な文化や伝統に親しむ。
(7)　身近な物を大切にする。
(8)　身近な物や遊具に興味をもって関わり，自分なりに比べたり，関連付けたりしながら考えたり，試したりして工夫して遊ぶ。
(9)　日常生活の中で数量や図形などに関心をもつ。
(10)　日常生活の中で簡単な標識や文字などに関心をもつ。
(11)　生活に関係の深い情報や施設などに興味や関心をもつ。
(12)　幼稚園内外の行事において国旗に親しむ。

言葉〔経験したことや考えたことなどを自分なりの言葉で表現し，相手の話す言葉を聞こうとする意欲や態度を育て，言葉に対する感覚や言葉で表現する力を養う。〕

1　ねらい
(1)　自分の気持ちを言葉で表現する楽しさを味わう。
(2)　人の言葉や話などをよく聞き，自分の経験したことや考えたことを話し，伝え合う喜び

を味わう。
(3) 日常生活に必要な言葉が分かるようになるとともに，絵本や物語などに親しみ，言葉に対する感覚を豊かにし，先生や友達と心を通わせる。

2 内容
(1) 先生や友達の言葉や話に興味や関心をもち，親しみをもって聞いたり，話したりする。
(2) したり，見たり，聞いたり，感じたり，考えたりなどしたことを自分なりに言葉で表現する。
(3) したいこと，してほしいことを言葉で表現したり，分からないことを尋ねたりする。
(4) 人の話を注意して聞き，相手に分かるように話す。
(5) 生活の中で必要な言葉が分かり，使う。
(6) 親しみをもって日常の挨拶をする。
(7) 生活の中で言葉の楽しさや美しさに気付く。
(8) いろいろな体験を通じてイメージや言葉を豊かにする。
(9) 絵本や物語などに親しみ，興味をもって聞き，想像をする楽しさを味わう。
(10) 日常生活の中で，文字などで伝える楽しさを味わう。

表現〔感じたことや考えたことを自分なりに表現することを通して，豊かな感性や表現する力を養い，創造性を豊かにする。〕

1 ねらい
(1) いろいろなものの美しさなどに対する豊かな感性をもつ。
(2) 感じたことや考えたことを自分なりに表現して楽しむ。
(3) 生活の中でイメージを豊かにし，様々な表現を楽しむ。

2 内容
(1) 生活の中で様々な音，形，色，手触り，動きなどに気付いたり，感じたりするなどして楽しむ。
(2) 生活の中で美しいものや心を動かす出来事に触れ，イメージを豊かにする。
(3) 様々な出来事の中で，感動したことを伝え合う楽しさを味わう。
(4) 感じたこと，考えたことなどを音や動きなどで表現したり，自由にかいたり，つくったりなどする。
(5) いろいろな素材に親しみ，工夫して遊ぶ。
(6) 音楽に親しみ，歌を歌ったり，簡単なリズム楽器を使ったりなどする楽しさを味わう。
(7) かいたり，つくったりすることを楽しみ，遊びに使ったり，飾ったりなどする。
(8) 自分のイメージを動きや言葉などで表現したり，演じて遊んだりするなどの楽しさを味わう。

保育所保育指針（抜粋）
　　厚生労働省告示第117号　平成29年3月31日

第1章　総則
　この指針は，児童福祉施設の設備及び運営に関する基準（昭和23年厚生省令第63号。以下「設備運営基準」という。）第35条の規定に基づき，保育所における保育の内容に関する事項及びこれに関連する運営に関する事項を定めるものである。各保育所は，この指針において規定される保育の内容に係る基本原則に関する事項等を踏まえ，各保育所の実情に応じて創意工夫を図り，保育所の機能及び質の向上に努めなければならない。

1　保育所保育に関する基本原則
　(1) 保育所の役割
　ア　保育所は，児童福祉法（昭和22年法律第164号）第39条の規定に基づき，保育を必要とする子どもの保育を行い，その健全な心身の発達を図ることを目的とする児童福祉施設であり，入所する子どもの最善の利益を考慮し，その福祉を積極的に増進することに最もふさわしい生活の場でなければならない。
　イ　保育所は，その目的を達成するために，保育に関する専門性を有する職員が，家庭との緊密な連携の下に，子どもの状況や発達過程

を踏まえ，保育所における環境を通して，養護及び教育を一体的に行うことを特性としている。
ウ　保育所は，入所する子どもを保育するとともに，家庭や地域の様々な社会資源との連携を図りながら，入所する子どもの保護者に対する支援及び地域の子育て家庭に対する支援等を行う役割を担うものである。
エ　保育所における保育士は，児童福祉法第18条の4の規定を踏まえ，保育所の役割及び機能が適切に発揮されるように，倫理観に裏付けられた専門的知識，技術及び判断をもって，子どもを保育するとともに，子どもの保護者に対する保育に関する指導を行うものであり，その職責を遂行するための専門性の向上に絶えず努めなければならない。

(2)　保育の目標
ア　保育所は，子どもが生涯にわたる人間形成にとって極めて重要な時期に，その生活時間の大半を過ごす場である。このため，保育所の保育は，子どもが現在を最も良く生き，望ましい未来をつくり出す力の基礎を培うために，次の目標を目指して行わなければならない。
(ア)　十分に養護の行き届いた環境の下に，くつろいだ雰囲気の中で子どもの様々な欲求を満たし，生命の保持及び情緒の安定を図ること。
(イ)　健康，安全など生活に必要な基本的な習慣や態度を養い，心身の健康の基礎を培うこと。
(ウ)　人との関わりの中で，人に対する愛情と信頼感，そして人権を大切にする心を育てるとともに，自主，自立及び協調の態度を養い，道徳性の芽生えを培うこと。
(エ)　生命，自然及び社会の事象についての興味や関心を育て，それらに対する豊かな心情や思考力の芽生えを培うこと。
(オ)　生活の中で，言葉への興味や関心を育て，話したり，聞いたり，相手の話を理解しようとするなど，言葉の豊かさを養うこと。
(カ)　様々な体験を通して，豊かな感性や表現力を育み，創造性の芽生えを培うこと。
イ　保育所は，入所する子どもの保護者に対し，その意向を受け止め，子どもと保護者の安定した関係に配慮し，保育所の特性や保育士等の専門性を生かして，その援助に当たらなければならない。

(3)　保育の方法
保育の目標を達成するために，保育士等は，次の事項に留意して保育しなければならない。
ア　一人一人の子どもの状況や家庭及び地域社会での生活の実態を把握するとともに，子どもが安心感と信頼感をもって活動できるよう，子どもの主体としての思いや願いを受け止めること。
イ　子どもの生活のリズムを大切にし，健康，安全で情緒の安定した生活ができる環境や，自己を十分に発揮できる環境を整えること。
ウ　子どもの発達について理解し，一人一人の発達過程に応じて保育すること。その際，子どもの個人差に十分配慮すること。
エ　子ども相互の関係づくりや互いに尊重する心を大切にし，集団における活動を効果あるものにするよう援助すること。
オ　子どもが自発的・意欲的に関われるような環境を構成し，子どもの主体的な活動や子ども相互の関わりを大切にすること。特に，乳幼児期にふさわしい体験が得られるように，生活や遊びを通して総合的に保育すること。
カ　一人一人の保護者の状況やその意向を理解，受容し，それぞれの親子関係や家庭生活等に配慮しながら，様々な機会をとらえ，適切に援助すること。

2　養護に関する基本的事項
(1)　養護の理念
保育における養護とは，子どもの生命の保持及び情緒の安定を図るために保育士等が行う援助や関わりであり，保育所における保育は，養護及び教育を一体的に行うことをその特性とするものである。保育所における保育全体を通じて，養護に関するねらい及び内容を踏まえた保

資　料

育が展開されなければならない。
(2) 養護に関わるねらい及び内容
ア　生命の保持
（ア）ねらい
① 一人一人の子どもが，快適に生活できるようにする。
② 一人一人の子どもが，健康で安全に過ごせるようにする。
③ 一人一人の子どもの生理的欲求が，十分に満たされるようにする。
④ 一人一人の子どもの健康増進が，積極的に図られるようにする。

（イ）内容
① 一人一人の子どもの平常の健康状態や発育及び発達状態を的確に把握し，異常を感じる場合は，速やかに適切に対応する。
② 家庭との連携を密にし，嘱託医等との連携を図りながら，子どもの疾病や事故防止に関する認識を深め，保健的で安全な保育環境の維持及び向上に努める。
③ 清潔で安全な環境を整え，適切な援助や応答的な関わりを通して子どもの生理的欲求を満たしていく。また，家庭と協力しながら，子どもの発達過程等に応じた適切な生活のリズムがつくられていくようにする。
④ 子どもの発達過程等に応じて，適度な運動と休息を取ることができるようにする。また，食事，排泄，衣類の着脱，身の回りを清潔にすることなどについて，子どもが意欲的に生活できるよう適切に援助する。

イ　情緒の安定
（ア）ねらい
① 一人一人の子どもが，安定感をもって過ごせるようにする。
② 一人一人の子どもが，自分の気持ちを安心して表すことができるようにする。
③ 一人一人の子どもが，周囲から主体として受け止められ，主体として育ち，自分を肯定する気持ちが育まれていくようにする。
④ 一人一人の子どもがくつろいで共に過ごし，心身の疲れが癒されるようにする。

（イ）内容
① 一人一人の子どもの置かれている状態や発達過程などを的確に把握し，子どもの欲求を適切に満たしながら，応答的な触れ合いや言葉がけを行う。
② 一人一人の子どもの気持ちを受容し，共感しながら，子どもとの継続的な信頼関係を築いていく。
③ 保育士等との信頼関係を基盤に，一人一人の子どもが主体的に活動し，自発性や探索意欲などを高めるとともに，自分への自信をもつことができるよう成長の過程を見守り，適切に働きかける。
④ 一人一人の子どもの生活のリズム，発達過程，保育時間などに応じて，活動内容のバランスや調和を図りながら，適切な食事や休息が取れるようにする。

索 引

英字

AI ································ 10
ECEQ ···························· 84
IoT ································ 2
PDCAサイクル ···················· 50
SNS ································ 2

あ 行

遊び ································ 50
アプローチカリキュラム ············ 13
生きる力 ···························· 10
いじめ ······························ 8
園外研修 ···························· 78
エンゼルプラン ···················· 89
園内研修 ···························· 77
思いやり ·························· 105

か 行

カウンセリングマインド ············ 91
学習指導要領 ······················ 10
学校教育法 ················ 20, 33, 63
活動内容 ······················ 67, 69

家 庭 ······························ 35
家庭教育 ························ 6, 37
家庭保育 ···························· 17
環境構成 ···························· 51
規範意識 ···························· 9
教育課程 ···························· 62
教育基本法 ···················· 14, 35
教育の支援 ·························· 8
ゲーム障害 ·························· 2
コーナー保育 ················ 52, 56, 64
子育て支援 ·························· 32
子育て支援センター ················ 97
子ども・子育て支援 ················ 87
子ども食堂 ·························· 8
子どもの実態 ······················ 68
コミュニケーション能力 ············ 3
5領域 ·························· 22, 32

さ 行

自己肯定感 ·························· 13
自己制御 ···························· 9
仕 事 ······························ 53
自己評価 ···························· 73

125

索　引

資質・能力 …………………………… 25, 45, 61
児童虐待 ……………………………… 6, 102
指導計画 ……………………………… 62
児童憲章 ……………………………… 18
指導内容 ……………………………… 67, 68
児童の権利に関する条約 …………… 18
児童福祉施設 ………………………… 32
児童福祉法 …………………………… 18
社会に開かれた学校 ………………… 36
就学前施設 …………………………… 19, 51
集団施設保育 ………………………… 17
自由保育 ……………………………… 52
小1プロブレム ……………………… 102
小学校学習指導要領 ………… 24, 62, 64, 101
少子化 ………………………………… 89
情報化社会 …………………………… 97
視力低下 ……………………………… 3
心情・意欲・態度 …………………… 30
設定・一斉型の保育 ………………… 52
設定保育 ……………………………… 64
選択活動 ……………………………… 56
早期離職 ……………………………… 100
素　質 ………………………………… 19

た 行

待機児童 ……………………………… 38, 41, 89
他者理解 ……………………………… 9
地　域 ………………………………… 36, 49
地域社会 ……………………………… 27
地域の行事 …………………………… 97
地域文化 ……………………………… 97

テ・ファリキ ………………………… 57
道徳性の発達 ………………………… 103

な 行

乳幼児期の保育 ……………………… 19
人間性 ………………………………… 30, 101
認定こども園 ………………… 21, 23, 31, 34
認定こども園の役割 ………………… 37
ヌリ課程 ……………………………… 56
ネウボラ ……………………………… 94
ねらい ………………………………… 63
年間指導計画 ………………………… 66
年齢別保育 …………………………… 52

は 行

貧　困 ………………………………… 8
フィルタリング ……………………… 5
フォトカンファレンス ……………… 77
不登校 ………………………………… 8
部分指導案 …………………………… 69
プロジェクト型保育 ………………… 64
プロジェクト法 ……………………… 55
保育課程 ……………………………… 62
保育環境 ……………………………… 50
保育カンファレンス ………………… 75
保育・教育の目標 …………………… 21
保育行事 ……………………………… 67
保育教諭 ……………………………… 35
保育記録 ……………………………… 74, 77
保育計画 ……………………………… 62
保育者の援助 ………………………… 51

126

保育者不足…………………………………28, 38
保育所………………………………………19, 31
保育所の役割…………………………………37
保育所保育指針………………10, 22, 45, 62
保育の質………………28, 38, 41, 73, 84
保育の無償化…………………………………41
保育方法………………………………………66
保育目標………………………………………63

ま行・や行

モンテッソーリ教育……………………52, 72

幼児期の終わりまでに育ってほしい姿…………25
幼稚園………………………………………20, 31
幼稚園教育要領………………10, 24, 45, 62
幼稚園の役割…………………………………37
幼保連携型認定こども園教育・保育要領……10

ら行

ラーニングストーリー……………………57, 86
レッジョ・エミリア・アプローチ……………54
ロバート・オーエン…………………………12

● 編著者   〔執筆分担〕

田中敏明(たなかとしあき)　福岡教育大学名誉教授
　　　　　　　　　　　　九州女子短期大学子ども健康学科 教授　　　　第5章，第1章コラム

● 著者（五十音順）

伊勢 慎(いせ まこと)　福岡県立大学人間社会学部 講師　　　　　　　第3章

尾花雄路(おばなゆうじ)　福岡女子短期大学子ども学科 教授　　　　　第2章

金丸智美(かなまるさとみ)　西九州大学短期大学部幼児保育学科 講師　第4章

川俣美砂子(かわまたみさこ)　高知大学教育学部 准教授　　　　　　　第7章

徳安 敦(とくやす あつし)　豊岡短期大学通信教育部 教授　　　　　　第1章

永渕美香子(ながふちみかこ)　中村学園大学短期大学部幼児保育学科 准教授　第8章

前田志津子(まえだしづこ)　活水女子大学健康生活学部 教授　　　　　第6章3・4・5

松井尚子(まついなおこ)　九州女子短期大学子ども健康学科 教授　　　第6章1・2・コラム

コンパス 保育原理 ―未来を生きる子どもの保育―

2019年（平成31年）4月5日 初版発行

編著者　田　中　敏　明
発行者　筑　紫　和　男
発行所　株式会社 建 帛 社
　　　　KENPAKUSHA

〒112-0011 東京都文京区千石4丁目2番15号
　　　　　　TEL （03）3944-2611
　　　　　　FAX （03）3946-4377
　　　　　　https://www.kenpakusha.co.jp/

ISBN 978-4-7679-5104-1　C3037　　　　新協／田部井手帳
©田中敏明ほか，2019.　　　　　　　　　Printed in Japan
（定価はカバーに表示してあります）

本書の複製権・翻訳権・上映権・公衆送信権等は株式会社建帛社が保有します。

JCOPY〈出版者著作権管理機構　委託出版物〉

本書の無断複製は著作権法上での例外を除き禁じられています。複製される場合は，そのつど事前に，出版者著作権管理機構（TEL03-5244-5088，FAX03-5244-5089, e-mail : info@jcopy.or.jp）の許諾を得て下さい。